誰でも取り組める！ 必ず効果が出る！

販路開拓のすすめ方

株式会社 流通プランニング研究所
中小企業診断士

川上 正人

近代セールス社

はじめに

　本書は、"足りないことが見つかり、やるべきことがわかる、販路開拓が苦手な方に試してもらいたい入門書"を目指して執筆しました。

✸ 販売に成功する企業には規則性があります

　販路開拓に成功したひとを見ていると、みな似たような取組みをされています。例えば、品ぞろえや売り方など、ちょっとしたヒントに基づいて些細な工夫をした結果、お客様に受け入れられて販売を大きく伸ばしています。

　本書では、そういった些細な工夫が、どのようにすれば誰にでもできるようになるのかを考えてみました。販路開拓に誰でも無理なく取り組めるように、できることのみに絞って数多くの方法論を紹介しています。ひとつでも多くのヒントをつかんでください。

✸ 販売がうまくいかない企業にも共通性があります

　営業努力はすべての企業で行われていますが、その結果は企業によってまちまちです。華々しい成果を得ている企業もあれば、芳しくない企業もしばしば見受けられます。

　成果の思わしくない原因を探ってみると、ある共通性が見出せます。できているはずのことができていないのです。その多くは、誰かに指摘を受けなければ気づくことが難しいようにも見えます。しかし、原因がわかれば簡単に対処できることばかりです。

　より多くの足りないことに気づくこと。それが販路開拓をうまく進める対策につながります。このことがわからないと対策の立てようもありません。販路開拓に成功するためには、わかっていないことに気づくことが、まずもって必要です。

1

❀ 私も営業が苦手です

営業の方法を指南する本は、営業を得意にしているひとが書くものですが、本書は違います。筆者は営業活動に苦手意識を持っていて、いまでも苦手なので、営業が苦手なひとの気持ちがよくわかります。

本書の執筆にあたって参考にさせていただいた企業経営者の大半は、営業を苦手とされていました。営業が苦手なひとは、ひとと接することがあまり得意ではありません。にもかかわらず販路開拓に成功しています。その理由は、**できる範囲のことを、無理なく無理せず、お金をかけずに取り組んだ**からだと感じています。

❀ 商談は常にひととひとが行います

一口に販路開拓といっても、業種が違い、顧客対象も異なるとなると、同一視できません。そのせいか、個々の企業に合ったわかりやすい指南書が少ないのかもしれません。

販路開拓の成功要因を探っていくと、あることに気づきました。ほぼすべての商談や販売は、ひととひとが行っていることです。つまり、販路開拓とは、突き詰めれば、**ひとのことをよく知ること**と、わかったうえで**先回りして対応すること**なのだと感じます。

❀ できるはずのことを見つけてください

本書では、販路開拓に成功した企業の事例を紹介しています。それぞれ業種や規模は異なりますが、成功の核心部分についてはあまり関係ないようです。そこで、**販路開拓の成功には共通性や規則性があるのではないか**と考えました。

販路開拓がうまくいかないひとは、共通して「自分を例外扱い」にします。「特殊な対象を相手にしている」「特別な商品を販売している」などです。「まだ創業したばかりだ」「営業をしたことがない」など、できない理由を自分に言い聞かせているようにも見えます。しかし、「商談は、常に

はじめに

ひととひとが行っている」ということに気がつけば、できるはずのことがたくさん見えてくるはずです。

❀ 支援されるひとにもお役立ていただきたい

販路開拓は、答えのない試験問題を解くこととよく似ています。「こうすれば絶対にうまくいく」という答えはありません。

当事者として自ら取り組む経営者、管理者のみなさんに役立ててもらうことはもちろんですが、販路開拓の取組みを側面的に支援される立場のみなさんにも活用してもらいたいと思っています。

想定している読者は、商工会、商工会議所などの公的支援機関の支援担当者、金融機関の得意先係、税理士などの専門家のみなさんです。本書を活用すれば、販路開拓に関する経験や知識の不足を、かなり補うことができるはずです。

❀ 誰でも販路開拓はできます

本書の目的は、足りないことを見つけることです。足りないことがわからなければ努力のしようもありません。

企業経営者であれば、例外なく「売上を伸ばしたい」と考えているはずです。事業を安定させるためには、安定した収入を得る必要があります。販路は安定収入をもたらしてくれるのです。

販路開拓に慣れているひとは、いま一度振り返りを、苦手意識を持っているひとは、ヒントを見つけるために、本書を読み進めてください。読者によっては難しいことがあるかもしれませんが、できることを探してみてください。ひとつでも多くのヒントが見つかれば、販路開拓で大きく前進できることでしょう。

株式会社流通プランニング研究所
中小企業診断士　川上正人

CONTENTS

はじめに ………………………………………………………………… 1

第❶章　販路開拓と販売は異なる

1-1　販路開拓の定義 ……………………………………………… 10

1-2　販路開拓の現状と課題―中小企業白書から― ………… 11

　⑴　小規模事業者の特徴と抱える経営課題 ………………… 12

　⑵　小規模事業者が販路開拓を行う際の課題 ……………… 14

1-3　漂流とバザー ………………………………………………… 16

　⑴　方向感がつかめない漂流 ………………………………… 16

　⑵　一過性で終わるバザー …………………………………… 17

1-4　課題を踏まえた販路開拓の対策 ………………………… 19

　〔観点その1〕ターゲット選定 …………………………… 19

　〔観点その2〕アプローチ方法 …………………………… 22

　〔観点その3〕価値の伝え方 ……………………………… 25

第❷章　販路開拓に足りないこと

2-1　ひとの基本原理 ……………………………………………… 30

　⑴　ひとはひとに警戒する …………………………………… 30

　⑵　ひとは自分本位である …………………………………… 32

　⑶　ひとはトラウマを持つ …………………………………… 34

　⑷　ひとはリスクを負わない ………………………………… 35

　⑸　ひとは信頼したらそのひとを頼る ……………………… 37

2-2　販売に至るまでの3つの壁 ……………………………… 39

　⑴　認知 ………………………………………………………… 39

　⑵　理解 ………………………………………………………… 41

　⑶　賛同 ………………………………………………………… 44

2-3　商談相手を販路に導く4つの手順 ……………………… 46

　⑴　警戒心を解く ……………………………………………… 47

　⑵　好印象を持たせる ………………………………………… 49

　⑶　信頼感を醸成する ………………………………………… 52

　⑷　期待感を持たせる ………………………………………… 54

2-4　備えるべき5つの営業力 ………………………………… 57

　⑴　発想力 ……………………………………………………… 57

　⑵　信用力 ……………………………………………………… 60

(3)	発信力	62
(4)	対応力	65
(5)	維持力	67

第 3 章　販路開拓の原理原則

3−1	原理原則その1 「適性を決めること」	72
(1)	適性を決めないことの弊害	72
(2)	事例に基づく応用イメージ	73
(3)	適性の決め方	76
(4)	期待効果、メリット	77

3−2	原理原則その2 「想像して備えること」	78
(1)	備えを怠ることの弊害	78
(2)	事例に基づく応用イメージ	79
(3)	備えることの見つけ方	81
(4)	期待効果、メリット	82

3−3	原理原則その3 「警戒心を取り除くこと」	83
(1)	警戒心を持たれる弊害	83
(2)	事例に基づく応用イメージ	84
(3)	警戒心を取り除く方法	86
(4)	期待効果、メリット	87

3−4	原理原則その4 「好印象を持たせること」	88
(1)	悪印象を持たれる弊害	88
(2)	事例に基づく応用イメージ	89
(3)	好印象を持たれるための方法	92
(4)	期待効果、メリット	93

3−5	原理原則その5 「相手の疑問をなくすこと」	93
(1)	疑問を持たれる弊害	93
(2)	事例に基づく応用イメージ	94
(3)	疑問を取り除く方法	97
(4)	期待効果、メリット	98

第 4 章　販路開拓の進め方

4−1	反復継続客を作るまでの流れ	102
(1)	対象者	102

(2)	見込み客	105
(3)	試し客	107
(4)	反復継続客	109
(5)	顧客基盤	112
(6)	入り口と出口	114
(7)	潜在的見込み客	117

4−2 経営者・管理者の役割 ···················· 119
- (1) 戦略と戦術 ···················· 119
- (2) 取組みのポイント ···················· 120

第5章 販路開拓支援フォーマット

5−1 適性評価シート ···················· 124
- (1) 作成する目的 ···················· 124
- (2) 「適性評価シート」で期待できる効果 ···················· 125
- (3) 項目説明 ···················· 127

5−2 アプローチシート ···················· 132
- (1) 作成する目的 ···················· 132
- (2) 「アプローチシート」で期待できる効果 ···················· 133
- (3) 項目説明 ···················· 135

5−3 商談イメージシート ···················· 139
- (1) 作成する目的 ···················· 139
- (2) 「商談イメージシート」で期待できる効果 ···················· 140
- (3) 項目説明 ···················· 142

5−4 商談モデルシート ···················· 147
- (1) 作成する目的 ···················· 147
- (2) 「商談モデルシート」で期待できる効果 ···················· 148
- (3) 項目説明 ···················· 149

第6章 販路開拓取組み事例

製造業編

6−1 雑貨品メーカー ···················· 156
6−2 調味料メーカー ···················· 158
6−3 飲料メーカー ···················· 160
6−4 食品加工メーカー ···················· 162
6−5 食品販売メーカー ···················· 164

CONTENTS

6-6 建築資材メーカー ……………………………………… 166
6-7 加工紙メーカー …………………………………………… 168
6-8 縫製品メーカー …………………………………………… 170
6-9 水耕栽培装置メーカー …………………………………… 172
6-10 コンクリート二次製品メーカー ……………………… 174

建設業編
6-11 福祉用具販売店 …………………………………………… 176
6-12 菓子メーカー ……………………………………………… 178
6-13 コンクリート圧送業 …………………………………… 180

小売・サービス業編
6-14 文具店 ……………………………………………………… 182
6-15 テニス用品店 ……………………………………………… 184
6-16 鮮魚店 ……………………………………………………… 186
6-17 カーコーティング店 …………………………………… 188
6-18 日帰り温泉 ………………………………………………… 190
6-19 コンサルタント ………………………………………… 192

第 7 章　販路開拓の意義と支援の担い手

7-1 公的支援機関 ……………………………………………… 197
　(1) 伴走型支援体制の構築 ………………………………… 197
　(2) 取組みのポイント ……………………………………… 198
7-2 金融機関 …………………………………………………… 200
　(1) 時間的制約の中でできること ……………………… 200
　(2) 取組みのポイント ……………………………………… 202
7-3 士業・専門家 ……………………………………………… 204
　(1) 事業計画策定支援の限界 …………………………… 204
　(2) 取組みのポイント ……………………………………… 205

◎参考資料
・適性評価シート（記入例）……………………………………… 209
・アプローチシート（記入例）…………………………………… 210
・商談イメージシート（記入例）………………………………… 211
・商談モデルシート（記入例）…………………………………… 212

おわりに …………………………………………………………… 213
著者 Profile ……………………………………………………… 215

7

販路開拓と販売は異なる

　販路開拓の方法を学ぶためには、まず販路がどのようなものなのかについて、正しく理解することが必要です。販路の意味がわからないままでは、販路開拓はうまく進められません。

　さまざまな見方があると思いますが、ここでは筆者なりの捉え方を紹介します。たくさん経験してきてわかった、販路とはこういうものであろうと思える定義を説明します。

1-1 販路開拓の定義

　「販路開拓」に類似した言葉に「販売」や「営業」があります。それぞれ意味が異なりますので、混同してはいけません。

　「販売」とは、商品を売ること。

　「営業」とは、利益を得るために事業を行うこと。

　ひとによってさまざまに解釈されてはいますが、「販路開拓」とはまったく意味が違います。

　販路開拓に取り組むにあたり、この言葉の持つ意味の違いから理解する必要があります。販路開拓に成功しているひとは、この違いがほぼ理解できています。

　ところで、販路開拓には「路」という文字が含まれていますが、筆者はこの言葉をとても重要視しています。道路や線路など乗り物の経路を示す言葉には「路」という文字が使われています。いずれも上りと下りがあり、行ったり来たりと往復して行き来しています。つまり「路」には、「繰り返す」という意味があると考えました。

　「販売」は、必ずしも繰り返すことまでは想定していませんが、「販路」は、**反復継続して何度も注文が来ることを目指した取組み**です。そのように考えると、「販売」と「販路」の違いがわかりやすくなります。一回で終わる一過性なのか、繰り返される反復継続なのかで、取組みがまったく異なってきます。

　成功した企業は、「販路」が構築できています。単に売り先が増えただけでなく、反復継続して注文が繰り返される売り先を見つけています。新規のお客様に購入してもらうためには、それ以前に多大な労力や費用を必要としますが、二度目の注文からは最初ほどの労力や費用はかかりませ

10

第1章　販路開拓と販売は異なる

販路とは反復継続して何度も注文が来ることを目指した取組み

ん。非常に効率よく販売できるようになります。

　要するに、「販路」を確保するためには、新たに顧客を獲得するだけでなく、長く反復継続してもらえる対策を立てなければいけません。それができるようになると、新たな顧客の候補となる見込み客も見えてきます。

1-2 販路開拓の現状と課題 ―中小企業白書から―

　中小企業庁が公表している「中小企業白書」に、小さな企業が取り組む販路開拓についての課題が示されており、大変参考になります。このデータは、アンケートによって収集されたものと思われますが、現実感あふれる内容でよくまとまっています。

　中小企業白書に掲載された分析結果によると、小規模事業者が抱える経営課題として、「既存の営業力・販売力の維持強化」「国内の新規顧客・販

路の開拓」と回答されています。

　また、販路開拓を行う際の課題として「新規顧客へのアプローチ方法」「販売すべきターゲット市場の選定」「商品・サービスのＰＲ」が挙げられています。

　いずれも、筆者も現場で感じる肌感覚に近いものがあります。

　まさに、こうした要因で、販路開拓がうまく進められていないのですが、さらに踏み込んで、現場での実情を振り返ってみたいと思います。

(1) 小規模事業者の特徴と抱える経営課題

　図表１－１は、小さな企業がどのような経営課題を抱えているかを示したものです。

　ひと、もの、かねのほか、技術開発、商品開発、営業・販路開拓と分けられていますが、示す値は、営業・販路開拓がもっとも高くなっています。

　やや高い値の項目をつなげてみると、「モノが売れない」→「売れるモ

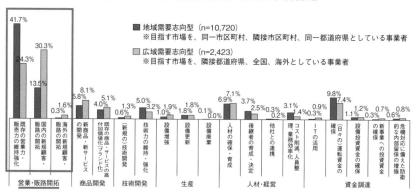

図表１－１　小規模事業者が抱える経営課題

資料：全国商工会連合会「小規模事業者の事業活動の実態把握調査」（2014年版中小企業白書）（注）小規模事業者が抱える経営課題として１位から５位を回答してもらった中で、１位に回答されたものを集計している。

（出典）中小企業庁「販路拡大（含む海外展開）の視点からみた支援機関に期待する役割」（平成29年4月13日）

第1章　販路開拓と販売は異なる

ノを持っていない」→「それを考えるひとがいない」→「方法を思いついても金がない」という流れが推測できます。

この流れは、にわとりとたまごの関係に似ており、売れるモノがあれば売り先もあり、売り先を持っていれば、モノも売れるという構図になっています。商品と売り先は、表裏一体の関係にあることがわかります。

お金やひとは、もちろん大切ですが、小さな企業には余裕がありません。実際には、ひとがいなくても、お金をかけなくても、販路開拓に成功した企業はたくさんあります。

この結果を見る限り、販路開拓の進め方に問題がありそうです。

図表1-1は、遠隔地や広域を販売対象と想定している場合と、近接した地域とする場合に分けて分析されています。その対象の違いによって、既存と地域の順序が入れ替わっています。

広域対象は新規客、近隣対象は既存客と、課題に感じていることに違いが見られます。それぞれを詳しく見ていきます。

①既存の営業力・販売力の維持強化

地域需要志向型と呼ばれている近隣を対象とする企業では、古くからの近くのお得意さんを大切にしたい考えのようです。しかし、課題として認識されているということは、それがうまく行えていないことがうかがわれます。販路と思って反復継続利用してもらっていたお客様が、離れてしまっていることが課題と感じられているようです。反復継続利用してもらうための対策が求められます。

②国内の新規顧客・販路の開拓

広域需要志向型と呼ばれている離れた地域を対象とする企業では、果敢に取り組むものの新規のお客様が増えないことが課題とされています。せっかく獲得したお客様が反復継続されていないことも課題とされており、新規の獲得が難しく、獲得できたとしても維持することが難しい現状を示

13

しています。効果的に新規を獲得して、維持、定着させるための対策が求められます。

　経営相談の課題は、ほとんど共通しています。日々の経営相談では、「新しいお客様が増えない」「せっかく増えても続かない」「そこをどうしたらよいか」といった質問が圧倒的に多くなっています。

　販売がうまくいけば、品ぞろえも豊富になり、良い人材も集まり、結果、お金と心に余裕が生まれ、好循環につながります。悩みのほとんどは、売れないことに原因があります。

⑵　小規模事業者が販路開拓を行う際の課題

　中小企業白書では、さらに踏み込んだ分析が行われています。図表１−２は、小さな企業が販路開拓を行う際に、何が課題になっているかを示しています。左から３番目までが売り方、次いで４番目が人材、５番目が資金と並んでおり、先の経営課題と同じような課題が示されています。左から４番目の専門的人材の確保・育成は、左の３つの課題を考えて行動に移せる人材が不足していることを表しています。

　販路開拓の課題は、小さな企業全体に共通する課題とも言えますが、その中身は売り方にあるようです。

①新規顧客へのアプローチ方法
　見込み客が想定できたとしても、どのように接点を持てばよいのかがわからない、持てたとしてどう接してよいのかがわからないという課題があるようです。意欲はあっても一歩前に踏み出すことができず、二の足を踏んでしまっています。

　販路開拓に成功できた企業は、試行錯誤に終止符が打てて、こうすればよいという答えを見つけています。効果的なアプローチ方法の標準化に成功し、無駄なく効率的に新規顧客の獲得ができるようになっています。

第1章　販路開拓と販売は異なる

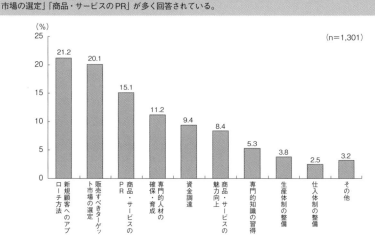

図表1-2　小規模事業者が販路開拓を行う際の課題

(出典)中小企業庁「販路拡大（含む海外展開）の視点からみた支援機関に期待する役割」（平成29年4月13日）

②販売すべきターゲット市場の選定

　本当にこの対象でよいのか、疑問が感じられているようです。売れると思って商品を作ってみたが反応がよくないときにこの対象者で本当によいのか悩みます。この対象者に販売を続けても売れないのではないかと不安になることもあります。

　既存の取引先の数や需要の減少が見込まれる中で、他の分野の取引先を開拓する必要を感じるものの、うまく適した対象者を見つけることができていないようです。

③商品・サービスのＰＲ

　わかりやすく、ていねいに説明しているつもりでも、商品の良さがうまく相手に伝わらなければ、結果的に注文には結びつきません。商品の持つ

15

価値を理解してくれて何度もリピートしてくれるひとも一部にあるために、商品に自信はあっても広がらないことが悩みです。

チラシやパンフレット、ホームページによって、商品やサービスの持つ価値を、もっとうまく伝えたいと思うが、うまくいっている実感が持てないことが課題とされています。

国の調査結果と日頃行っているアドバイスの内容は、ほとんど共通しています。

相手を間違えると、売れるモノも売れません。売り方を間違えてもだめで、その間違いに気づいていないひとと多く出会います。

どこに間違いがあるのかに気づくことができれば、改善点がつかめます。

1-3
漂流とバザー

(1) 方向感がつかめない漂流

販路開拓の方法をアドバイスするときに、よく「漂流」という言葉を使います。あてもなく、確固たる方針を持たずして、さまよう状態をイメージしやすいからです。

漂流は、目的地が決まっていません。いつ、到着するかもわかりません。あてもありませんから、偶然たどり着いたところが到着地です。その到着地が良いところかはわかりません。期待と不安が入り混じるミステリーツアーとよく似ています。

レジャーであれば、ミステリーツアーでも楽しいかもしれません。しか

16

第1章　販路開拓と販売は異なる

確固たる方針を持たず進んでも"漂流"してさまようだけになる

し、販売がうまくいかなければ従業員に給料を払うことができません。従業員が船の乗組員だとすれば、どこに着くかわからない、いつ着くかもわからない、ひょっとしたら、いつまで経っても着かないかもしれない航海に誰もが不安を感じます。

　いま取り組んでいることが本当に正しいのか、この取組みを進めればその先どうなるのか、どこまでがんばればいいのか、漂流はわからないことだらけです。目的地や到達時間など目指すものを持たない航海には、不安が生じます。

　漂流状態から脱却するためには、まさに、販売先、販売方法、販売目標を想定することが近道です。

(2)　一過性で終わるバザー

　「販路」と「販売」の違いを説明する際によく使う言葉が「バザー」です。バザーは、次の販売を想定することなく、その場で売って終わるイメージです。

　多くの場合、バザーは期間が決まっていて終わりがあります。反復継続

を前提としませんので、販路を作ることは困難です。このように、その場限りで終わることをバザーと表現しています。

　もちろん、毎年、毎月、定期的に開催すれば反復継続できますが、ここではわかりやすくするためにバザーと表現します。バザーではなく販路にするためには、売りっぱなしではなく、次の利用が期待できる販売の工夫が求められます。

　期間を決めず継続して販売する際に、できる工夫がありますが、販路開拓に成功した企業はその方法を見つけています。繰り返し利用されるためには、利用されるための方法があります。

　漂流やバザーは、褒め言葉ではありません。自らを振り返ってみる際のネガティブなイメージです。セミナーなどでのアンケートには、「漂流していた」「バザー状態であった」という意見がたくさん寄せられます。当てはめてみるとたくさんの気づきが得られるはずです。

期間の定められた"バザー"では販売はその場限りで終わってしまう

1-4 課題を踏まえた販路開拓の対策

　中小企業白書の分析結果から「ターゲット選定」「アプローチ方法」「価値の伝え方」という共通課題がわかりました。いずれも「漂流」や「バザー」の状態にあることから生じている課題です。

　つらい漂流状態や利用の反復継続が期待できないバザー状態から脱却するために、自分に足りないものを見つける必要があります。足りないものがわからなければ、努力のしようもありません。

　課題には、ほぼ原因があります。何が原因なのかがつかめなければ対策の立てようもありません。あとで詳しく説明しますが、まずは3つの観点から柱となる対策を紹介します（図表1-3）。

〔観点その1〕ターゲット選定

　「販売すべきターゲット市場の選定」を間違うと、売れるモノも売れません。ターゲット市場の選定は、顧客を識別することを意味します。特定の基準に属する顧客を対象とするかしないか、はっきりと色分けすることです。

　絞り込むことをいやがるひとを多く見受けます。それだけ客の母数、絶

図表1-3　課題を踏まえた販路開拓の対策

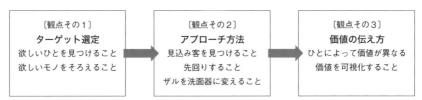

対数が少なくなるからだと思われます。しかし、**誰でもいいという商品は、結果的に誰にも選ばれません。**ある程度の絞込み、「こういうひとに是非」とお勧めできれば、意外と多くの見込み客が浮かんでくるものです。

▶▶対策① 欲しいひとを見つけること

▶▶▶ひとは、欲しいモノは高くても買い、そうでないモノは安くても買わない

欲しいひとには欲しい理由が必ず存在します。必要とする背景や事情を深く察することで、誰が欲しいひとに該当するのかがわかるようになります。

いま買いに来ているひとが、なぜ来ているか、なぜ買っているかの理由を探れば、欲しい理由や背景がわかり、欲しいひともつかめます。

欲しいひとは、「志向」と「属性」で表現します。「志向」とは、そのひとの好むもの、好きなことと考えます。むずかしく言えば、購買の選択基準です。何に優先してお金を使うかという基準がひとによって違います。「属性」とは、見た目による違いです。消費者の場合、性別、年代で分けたり、企業の場合は、業種や規模など、相手の考えや志向に関係なく分けることができます。

欲しいひとは、「志向」と「属性」を組み合わせて設定すると、わかりやすくなります。販路開拓がうまくいかないケースを見ると、志向がなく属性のみを設定している場合があります。同じ属性でも志向が異なると、まったくターゲットが異なってきます。

また、「健康志向」「こだわり志向」などは誰にでも当てはまり、好ましくありません。絞り込んだ対象者が、明らかに他の顧客層と異なるイメージが持てる必要があります。

▶▶対策② 欲しいモノをそろえること

▶▶▶ひとは、商品やサービスを購入するために店に来る

第1章　販路開拓と販売は異なる

当たり前ではありますが、必要とされるモノを品ぞろえしなければなりません。客は、その店に自分が欲しいモノがあることを期待して来店します。販路開拓に成功するためには、客が期待するモノをそろえる必要があります。良い品ぞろえを実現するための答えは、質問や要望に隠されています。

また、品ぞろえには役割があります。ひとを集客し、反復継続させ、利益をしっかり確保するという役割で分けることができます。

「**集客商品**」は、糸口を作る商品とも言えます。面識のない新規の客に試してもらえることを目指します。購入失敗のダメージが小さく、リスクの低いモノや、対象者が広く万人受けするモノなどが選ばれています。

「**継続商品**」は、固定客を作る商品です。店に継続して来店し、安定した利益を持たせてもらえることを目指します。何度も繰り返して使用する消耗品や、ここでしか買えない希少品などが該当します。

「**利益商品**」は、その名のとおりもうかる商品です。店を信頼し、勧めに応じて、あえて高額でも試していただけることを目指します。ひとを選び、一定の支払い能力がなければ購入することが難しい高額商品などが対象となります。

品ぞろえにはさまざまな分類方法がありますが、この分類方法は、販路開拓に取り組むうえで必要な考え方に基づいています。

販路は、集客商品で糸口を作り、継続商品で反復継続利用してもらうことで構築できます。さらに固定客の中からファンを作り、利益商品を購入してもらうことを目指します。

勧めた商品が高額であっても、購入してもらえる顧客こそが本当のファンです。

自分の志向に合った欲しい商品は、高くても買います。それは、万人受けするモノではなく、かなりひとを選ぶとがった商品であることが多く、利益商品を購入してもらえる客数を増やすことが最終のゴールと考えてよいでしょう。

21

〔観点その２〕アプローチ方法

　「新規顧客へのアプローチの方法」に多くひとがとまどっています。よかれと思ってしたことが逆効果となったりすると心が折れてしまいます。やりすぎてもいけないし、何もしないともっとだめ、と悩んでいるひとが多くいます。

　アプローチは、ひとへの接し方ですので、同じことをしても受け止め方がひとによって異なるため、答えはありません。しかし、答えに近いものは見つかるようです。試行錯誤が求められますが、成功するための共通点はあります。

▶▶対策① 見込み客を見つけること

▶▶▶購入する意欲はシグナルでわかる

　購入する意思や意欲のあるひとと、それらがないひとは、異なる質問をしたり、しぐさが見られるなどで見分けることができます。結果的に購入したひとが、迷ったときにどんな質問をしたかなどを振り返ってみることでわかる場合があります。購入意思のないひとに強く勧めるといやがられます。

　シグナルで購入意思を見分けます。

　「いつ」使用するか、時期が決まっているひとは、いずれ近いうちに、どこかで購入する必要があります。限られた選択肢のいずれかを選ぶため近いうちに購入が見込めます。

　「用途」もシグナルです。「このような使い方をしたいが大丈夫か？」などの質問を受けることは、自分の期待に応えることができるかの確認です。買わないひとは、あまり確認することはありません。

　いずれも代表的な例を挙げましたが、業種によって、かなり正確に識別できるシグナルがあります。シグナルが見分けられるようになると、本命

第1章　販路開拓と販売は異なる

を逃すことがなくなります。

　見分けることができなければ、しつこく勧め、客にいやがられて販売機会を逸することになります。そういう失敗ケースをよく目にします。

▶▶対策② 先回りすること

▶▶▶繁盛店は先回りしている

　ひとは、自分のことを大切にしてくれる場所でモノを買います。自分のことを理解していて、必要なモノを勧め、必要でないモノは勧めない。一からあれこれと深く説明しなくても自分の願望を満たしてくれる場所を気に入ります。

　繁盛店は、過去に繰り返して試行錯誤し、必要なことと必要でないことの区別がついており、利用客に最適な心地良さが提供できています。心地良いからたくさんひとが利用するのでしょう。心地良さを感じる客がたくさん集まり繁盛すれば、繁盛店と呼ばれます。

▋▋■「必要なこと」

　客が売り手に求めることは何でしょうか。そこから考える必要があります。自分が知りたいこと、疑問に思うこと、喜ぶ情報の提供などが想定できます。同じことでも喜ぶひとと喜ばないひとがいますので、ひとを選ぶ必要があります。ひとはみな自分が一番大切です。自分のことを大切にしてくれるところに心地良さを感じます。

▋▋■「必要ないこと」

　いやがられる理由のほとんどが理解不足でしょう。知らないうちに相手を不快にさせている可能性があります。そのひとにとって必要でない商品の案内や、説明を一から求められるなど、自分のことが理解されておらず尊重されていないと感じたときに、ひとは心が離れていきます。相手の立場に立たない接し方が、相手を不快にさせてしまいます。

　繁盛しているわりと価格の高い飲食店を利用して思うことは、必要なときに顔を見せてもらえることです。追加注文をしようと思ったら、そのタ

イミングで顔をのぞかせてもらえます。客の動きをよく見ている、さすがプロだなと感心します。相手のことをよく理解して先回りして対応することこそが、繁盛店になるための近道だと感じます。

▶▶対策③ ザルを洗面器に変えること

▶▶▶底に穴が空いていては水はたまらない

販路は、一見客が繰り返して反復継続することで得られます。一見客がいつまでも一見客でとどまれば、いつまでも新規顧客の開拓が継続することになります。

新規客を開拓するためには、既存客にかかる労力や費用が何倍もかかります。一度利用してもらった客に次も利用してもらう必要がありますが、親切・ていねいに接するだけでは、続けて利用してもらうことは難しいのかもしれません。そこで、「ザル」を「洗面器」に変える必要があります。

「ザル」は網の目で作られています。そこに水を注いでも、網の目から水がしたたり落ちていつまでもたまることはありません。もともと水を切る目的で使われているため、水をためる必要もありません。

「洗面器」には底があります。水が漏れないように作ってありますので、水を注げばたまります。たくさんの水を注がなくても、水滴のような少量の水であったとしても、いつか満水となり、あふれます。

客を水に喩えてみましょう。少量の新規客であったとしても、一度の利用で途絶えることなく、繰り返して利用してもらえる客を増やすことができれば、たくさんの利用が見込めます。もちろん、新規客を獲得する努力を怠ってはいけませんが、かける労力に比べて売上は増えていきます。

しかし、多くはどうでしょう。せっかく客をつかんでも、それをとどめることができていません。

客の気分次第で続けるかどうかを委ねるのではなく、反復継続されるように誘導する必要があります。売上を伸ばすには、ザルを洗面器に変える発想で、まず新規客の獲得を優先するのではなく、一見客の継続利用を目

第1章　販路開拓と販売は異なる

指すべきでしょう。

〔観点その３〕価値の伝え方

　「商品・サービスのＰＲ」についても、多くひとがつまずいています。本当は、優れた価値を有しているのに、効果的に伝えきれていないケースを多く見かけます。

　小さな企業の場合は、売り手が作り手であることもあり、商品に詳しく、しかもこだわりを持っているところも多く、説明にも熱が入ります。

　ひとは自分本位です。知りたいことは聞きたいし、関心のないことは聞きたくありません。そこを間違えると、不快な説得になってしまいます。伝えるべきことと伝えるべきでないことがあり、伝え方にもいろいろあります。その違いが見分けられるようになると、うまく伝えられるようになります。

▶▶対策①　ひとによって価値が異なる
　▶▶▶誰でもいいは誰にも合わない

　ひとは、志向と属性で分けられます。できるだけ分けて考えることで、伝えるべきことと伝えるべきでないことがわかってきます。なぜなら、なぜ商品に興味・関心を持ったのか、理由が推測できるからです。

　聞きたいこと、知りたいこと、興味があることは、確実に伝えます。それ以外のことは、判断を迷わせることにつながるため控えます。あくまでも、相手を見て、伝えるべきことと伝えるべきでないことを分けて考える必要があります。

　「伝えるべきこと」は、そのひとにとって価値が感じられることです。そのひとが興味・関心を抱いていることやそのひとが購入することの有利さ、便利さなど、そのひと特有のメリットと考えればよいでしょう。相手の立場に立つと見えてくるはずです。

25

「伝えるべきでないこと」は、そのひとにとって関係のないことです。そのひとのことを深く知ることができれば、ある程度見分けられますが、初対面の場合見分けられません。しかし、わからないであきらめることなく、過去の経験から推測する努力が必要です。

うまく説明できない根本的な原因は、説明する対象者、つまりターゲットの想定ができていないことです。

ターゲットが正しく想定できていなければ、そのひとの聞きたいこと、聞きたくないことを推測することができません。万人受けする汎用性の高い商品は別かもしれませんが、小さな企業のこだわりある商品は、かなりひとを選ぶはずです。

ＰＲ方法を考える前に、まず誰に説明するのかを、はっきり決めなければいけません。

▶▶対策② 価値を可視化すること

▶▶▶目と耳で効果的に伝える

ひとは多くの情報を、主に目と耳で入手します。商品の価値も多くはその方法によっています。チラシ、パンフレット、ＰＯＰなどのほか、ホームページやＳＮＳも目から入ります。話を聞くよりも説明を読んだほうがよく理解できます。

商品説明や商談は、これに耳が加わります。声で話すことで、伝えたいことを相手の耳に届けるイメージです。目で見て、ある程度理解して耳で説明されるとさらによくわかります。

五感にはほかに、におい、味、さわった感覚などがありますが、まずは伝わりやすい、目と耳で伝える方法を優先します。

「目で伝える」ことがもっとも多く行われています。商品の持つ価値を、文字や写真、図形などを用いて、一目で理解できるように工夫されています。わかりやすい説明文章だけでなく、一言でわかりやすい短文のキャッチコピーも印象に残ります。

第1章　販路開拓と販売は異なる

　「耳で伝える」のは、接客や商談の場でよく行われます。必要な事柄を選び、順序を踏まえてわかりやすく説明すれば、価値もよく伝わります。一方で、相手を踏まえることなく、思いついたことを普段の言葉で伝えたら、うまく伝わらないこともあります。

　多くの相談者は、文字にすることが苦手です。文章にすることに苦手意識を持っており、訓練もされていないことから、本来有している価値をうまく表現できません。身近に教わることがないこともその理由のひとつですが、自分では不備に気づきにくいことも上達しづらい原因です。
　販路開拓に成功した企業は、価値を効果的に伝えることができています。あまり多くを語りませんが、見込み客となる対象者の知りたいことを、わかりやすく言葉で表現しています。試行錯誤を重ねると、示す言葉が洗練されてきます。言葉だけで販路開拓が進むわけではありませんが、言葉はとても大切です。

☞第1章のまとめ

・販路開拓と販売は異なります。売れれば誰でもいい、何でもいいと考えているうちは、漂流状態にあって結果的には誰に売ることもできません。売れたとして、長く続けて利用されないバザー状態にあれば、売れたり売れなかったりと売上を安定させることがいつまで経ってもできません。
・多くの小さな企業が漂流やバザーの状態にあるようです。販路開拓と販売の違いを理解できた企業が、やがて販路を増やし繁盛店になっていくのです。

27

第2章

販路開拓に足りないこと

　販路開拓をうまく進めるためには、先回りをすることが必要です。先回りの必要を感じていても、何を先回りすればよいのかがわからなければ、先回りのしようもありません。

　過去の経験から、先回りすべき取組みを見つける着眼点について、「ひとの基本原理」「販売に至るまでの３つの壁」「商談相手を販路に導く４つの手順」「備えるべき５つの営業力」の４項にまとめました。足りないものをチェックする視点で、販路開拓にあたって必要な取組みを見つけてください。

2-1 ひとの基本原理

　製造業であれ小売業であれ、業種を問わず、商談はひと対ひとで行われます。インターネットによる販売も例外ではなく、直接面談するかどうかの違いはありますが、画面を見て注文するのもひと、販売するために画面を制作するのもひとです。

　販路開拓の取組みを成功させるには、先回りをすることが大切です。先回りして対応するためには、ひとがどのような考え方を持っていて、どのように行動するのか、まずはそれらに関する共通点を知る必要があります。

　商談がうまくいかない原因やうまくいった要因を分析すると、「警戒」「自分本位」「トラウマ」「リスク」「信頼」の5つの視点が得られました（図表2-1）。以下、詳しく見ていくことにしましょう。

(1) ひとはひとに警戒する
▶警戒する気持ちを早く解くための工夫が備わっているか

　初めてのひとと会うときは、誰しもとても緊張します。どんなひとかよくわからないためです。警戒とは、「緊張して、自分の本当の考えを相手に悟られないようにして、相手の考えを探っている状態」とも言えます。

図表2-1　ひとの基本原理

ひとは、ひとに**警戒する**	ひとは、**自分本位である**	ひとは、**トラウマを持つ**	ひとは、**リスクを負わない**	ひとは、**信頼**したらそのひとを頼る
a. 売り込まない	a. 立場を理解	a. 先入観を払拭	a. 買わない理由	a. 相手を知る
b. 目的を示す	b. 使い方を提案	b. 相性の良さ	b. 代替案を示す	b. ルールを設定
c. 安心材料を示す	c. 疑問に応える	c. 取引の価値	c. 責任を持つ姿勢	c. 感謝を続ける

第2章 販路開拓に足りないこと

警戒心を解く工夫その1 売り込まない

　自分が欲しいと思わないモノを購入するように説得されるのは、誰しも嫌なものです。初めて会った瞬間は、まだ説明を受けたわけでもないため、欲しいかどうか、必要かどうかもわからないことから、初めての面談は、ひとによってはあまりうれしくはありません。相手から面談や説明を求められたとすれば別ですが…。

　自分が売り込まれたり、説得を受ける対象ではないといった安心感を持ってもらえれば、警戒心はかなり弱まります。説得とは違う目的で接していることがわかってもらえる方法を考えてみるとよいでしょう。

警戒心を解く工夫その2 目的を示す

　接客や商談の本来の目的は、商品を購入してもらうことです。「いま購入してください」と説得されると、ひとは身構えてしまいますが、「この先のためにご案内します」と言われれば、緊張感は弱まります。

　「どういうときに必要で」「こんなときに役立つため」「いまは不要でも必要なときに声をかけて」と案内にとどめることで、警戒心が一気にやわらぎます。

　ひとが安心できる案内の方法をより多く備えておくことで、警戒されない会話の接点が生まれます。「話も聞きたくない」という状態を早く脱却しなければいけません。

警戒心を解く工夫その3 安心材料を示す

　ひとが安心できる材料には何があるでしょうか。過去を振り返ってみると思い当たることが見つかるかもしれませんし、思い切って親しいお客様に尋ねてもいいかもしれません。よく用いられるのが、どんなときに役立つかという用途です。普段必要なくても、あるときには切望されるものがあります。防災用品がそれにあたります。「こんなときに、思い出してくださいね」との案内は、相手の緊張感を高めません。

31

ひとが安心する材料には「思い出してください」などの案内があります
が、そのほかには「教えてください」「意見をください」もよく用いられ
ます。自分の企業に合った方法を考えてみてください。

　初めて接点を持つ際に、強い警戒心を抱かれたままでは、どんなに素晴
らしい提案をしても、なかなか受け入れてもらうことができません。
　いま行っている最初の挨拶が、相手に圧力をかけていないか、構えるこ
となく安心して話を聞いてもらえているかなどを確かめてみるとよいと思
います。
　こちらは誠心誠意、良心的と思っても、相手にそのまま素直に受け止め
てもらえているかはわかりません。自分の思いというものは、それほど伝
わりにくいものです。

⑵　ひとは自分本位である
▶相手の立場を理解する工夫が備わっているか

　売り手の面談目的は、最終的に商品の購入を決断してもらうことです。
売り手が期待するように商品を必要と感じて、すぐに購入してくれる買い
手はなかなかいません。買い手は、自分のためだけに買い物をします。売
り手は、相手の都合を考えて説明しなければいけませんので質問するはず
ですが、質問されることもなく、淡々と商品の良さを一方的に説明する場
面をよく見かけます。

買い手を理解する工夫その1　納得感を理解する

　購入するのは買い手です。購入は、買い手が納得しなければ行われませ
ん。したがって、買い手はどこで納得するのか、何が決め手になるのかを
理解することがとても大切です。何を見て、どのような基準をもって購入
するのかをまず知ること、なぜそうなのかの理由を考えることです。
　買い手の購入の目的、用途、使い方などには、たくさんの選択肢があり

32

ます。相手が求めている商品を提案する場合、どんな使い方をするのか、なぜ必要なのかがわかっていなければ説明できません。

買い手を理解する工夫その２　使い方を提案する

商品の知識は、通常の場合、売り手の側がたくさん持っています。相手のためになる使い方や仕入れた場合の売り方など、相手に役立つ情報を提供できる立場にあります。

相手の立場を踏まえることなく、単に商品の特徴を示しただけでは相手は興味を持ちません。あたかも自分がいま使用して、便利さを感じているかのような錯覚に陥るくらいに相手の立場に立って説明できることが理想的です。使い方すらイメージできないものは、購入決断には至りません。

買い手を理解する工夫その３　疑問に応える

買い手は、納得しないと購入しません。自分に不都合なことがあったり、期待に添わないときに質問されます。「安くなりませんか？」も質問のひとつです。質問は「知らないことやわからないことを聞きたい」という意味と、「疑問に思うことを確認したい」という意味に分かれます。

疑問は、買い手が自分の想像と実際が異なる予感から生じ、その想像は、買い手にとって理想であったり期待であったりします。その疑問に的確に応えることができれば、買い手は納得できます。

ひとは、相手の立場を理解しようとしません。自分の都合を最優先し、自分を一番に考えますが、それは悪いことではなく当然のことです。

相手の都合や置かれている立場を理解することなく商品説明を行った場合、相手が聞きたいことと聞きたくないことが説明の中に混在してしまいます。自分が話したいことを一方的に話すのではなく、相手が聞きたいことを選り分けて絞って説明するほうが聞きやすくなります。

⑶ ひとはトラウマを持つ

▶相手に価値を正しく伝える工夫が備わっているか

商品の購入に際して、誰しも失敗経験を持っています。良かれと思って購入したが、結果的に失敗した経験のことをトラウマと呼びます。一度失敗を経験すると次はより慎重に構えます。大きな失敗経験を持っている場合は、いくら説得しても聞き入れてもらえません。

価値を正しく伝える工夫その1 先入観を払拭する

購入の失敗とは何を意味するのでしょうか。その多くは、期待や予想と実際が異なった場合のことを指します。「よく聞かなかった」「確認しなかった」など、相手に責任を求めるとしても、自分の過失を悔やむものです。そして、次に繰り返さないように自分を戒めます。

先入観は、相手の質問で確認できます。「念押しされること」「詳細な説明を求められること」「もしものときのこと」などが、まさに相手の持つ不安です。接客の中で、どこに相手の不安があるのかを探し出し、聞かれる前に先回りして示しておけば、お客様の安心感につながります。

価値を正しく伝える工夫その2 相性の良さを示す

良い買い物は、自分の期待や予想を満たしたときに実感されます。例として、ある商品がいかに高性能であったとしても、すべてのひとがそこまでの性能の高さを求めているとは限りません。過剰品質という言葉もあります。

相性は、買い手の求める性能や機能、およびその水準で決まります。その期待を超えていれば十分満足されます。買い手にとっては、自分に合うかどうかが大問題。そのひとに合っている理由や根拠が示すことで、納得される可能性も高まります。

第2章　販路開拓に足りないこと

価値を正しく伝える工夫その3　企業の価値も伝える

　伝えるべきことは、商品価値だけではありません。商品の良さは言うまでもありませんが、提供する自社の価値も示されるべきです。

　良い商品は、良い企業から提供されます。たくさん競合がある商品を購入する場合、より利便性の高い企業から購入すれば買い手は得をします。

　買い手は単に商品を手に入れたいだけでなく便利に利用したいはずです。商品だけでなく、提供する企業の持つ利便性や対応力などの価値を伝えることで、さらに良い印象を深めるのです。

　ひとは、誰しも後悔したくはありません。自分の不注意がきたした損失を、次は回避したいという学習能力が働きます。そのため、**売り手はまず、買い手が心配していることを把握する**ことが必要です。

　過去の失敗やそのひとの想定と期待に基づいて、なぜ相性が良いかの理由を説明できれば、納得される可能性は高まります。

　このように、トラウマを払拭できる方法を知っておくだけでも、購入確率が高まります。

(4)　ひとはリスクを負わない
　▶ためらう理由をなくすための工夫が備わっているか

　いくら欲しくても、何かためらう理由が残ってしまうと、買い手に購入の決断をしてもらえません。ひとはとても慎重です。欲しい気持ち、買いたい気持ちが高まったとしても、何かひとつでもためらう理由が残っていると、「少し考えてから」と決断が先送りされてしまいます。

ためらいをなくす工夫その1　買わない理由をなくす

　トラウマを払拭できたとしても買い手はまだ慎重です。いよいよ購入を決断する段階に至っても決断されない場合があります。この決断されない理由がわからなければ対策の立てようもありません。結果の知らせを待つ

35

だけとなってしまいます。

　ここまでの苦労を無駄にしないためにも、購入の決断をしてもらえるように、買わない理由をなくす努力をしなければいけません。

ためらいをなくす工夫その2　代替案を示す

　買わない理由の多くは、自分の想定や期待と実際のギャップに起因しています。価格のギャップが多いのですが、互いが譲歩して歩み寄ることで解決していきます。

　代替案の多くは、交換条件によって示されます。価格以外にも納期や数量など、ギャップの要因はさまざまです。そのほとんどは事前に予想できることばかりです。

　争点になる前に、代替案を示すことができるように、あらかじめ備えておくことが望まれます。

ためらいをなくす工夫その3　責任を持つ

　ほとんど納得できたとしても決断に踏み切れない場合があります。安価な商品の場合は別ですが、高額商品や仕入れのように長期間、継続して取引する場合は特に慎重になります。

　売り手がこの注文がどうしても欲しいと感じたとき、"自分が責任を持つ"という姿勢を示します。当たり前のことではありますが、あまり言葉に出して伝えることはありません。

　販売する売り手は、当然、商品や取引に責任を負います。そのことを言葉にして表すか、そうでないかによって買い手の気持ちがかなり変わります。

　引き合いは来るが注文には至らない ──、筆者は販売者のそんな悩みをたくさん聞いてきました。示したこと以外にも足りないことがあるかもしれませんが、お客様に最終決断してもらえなければ販売には至りませ

ん。うまくいかない原因をつぶさに検証してみることが必要です。

買わない理由は売れない理由でもあります。 買わない理由をしっかりと掘り下げて考えて、譲歩する代替案を用意できれば、決断してもらえる確率が高まります。

⑸　ひとは信頼したらそのひとを頼る
▶関係を維持し長く継続させる工夫が備わっているか

最初は取っつきにくくても、慣れてくるとひとは同じひとや場所から購入する傾向にあります。あれこれ選ぶことが面倒だからです。

ひとは自分の立場や考えを理解してくれて、自分と同じ判断に基づき自分に有利に働いてくれるひとを好みます。 自分を大切にしてくれるひとや場所で購入したいと思う気持ちを持っています。

関係を継続させる工夫その1　相手を知る

ひとは、近すぎても離れすぎてもいけません。近すぎると窮屈ですし、離れすぎたら忘れ去られてしまいます。この距離は、ひとによって心地良さが異なります。まず「このお客様はどの程度の近さがよいのか」を把握しなければいけません。

繁盛店はこの距離をうまくとっています。誰かに特別なサービスをするわけではないのに、訪れる客の大半が心地良さを感じるような声かけや対応ができているように感じます。自分が大切にされ、もてなしを受けているような気分になり、また次も利用したいと思うひとが多くなります。

関係を継続させる工夫その2　ルールを設定する

限られた人数でたくさんの異なる考えを持ったお客様との関係を維持することは、とても大変です。しかし、何もしなければ維持することはできません。

売り手の担当者が個別に判断するのではなく、企業全体として一定のル

ールを設けましょう。初めて購入された試し客に対して、次も来てもらうためにどうするかなど、効果が期待できる方法をみんなで守ります。

その具体策として、多すぎず少なすぎないダイレクトメールを定期的に送付するなど、関係維持に役立つルールを設けることをお勧めします。

関係を継続させる工夫その3 感謝を続ける

長くおつきあいが続くと惰性になってしまいがちです。いつも利用してくれるので、利用することが当たり前になってしまうことをお客様は嫌がります。「大切にされたい」「ていねいに扱われたい」とお客様は誰しも思っています。

継続利用してもらうことは、当たり前ではなく、ありがたいことです。「ありがたい」は漢字で「有難い」と書きますが、これは「あることが難しい」との意味です。**緊張感を持ってお客様と接するために、定期的に感謝の気持ちを伝える必要があります。**

販路は、反復継続して利用してもらえる顧客のことです。初対面から試し買いを経て、長い年月を経て初めて販路となります。したがって、販路は一朝一夕に作れるものでなく時間を要しますが、多くの買い物や注文は、同じ場所で行われています。仕入取引の場合は、何年も継続しています。よほどの事情がない限り、途絶えることはありません。

最初の新規開拓はとても苦労を要しますが、一度信頼を得たら反復継続します。相手の立場に立って大切に考えているか、それが相手に伝わっているかの検証が必要です。

2-2 販売に至るまでの3つの壁

　「認知」「理解」「賛同」の3つの壁は、販路開拓に成功するために、必ず乗り越えなければならないハードルのようなものです（図表2-2）。
　これら3つの壁には乗り越えがたい障害があり、そこで立ち止まっていることで販売がうまく進まないのではないかと思われます。
　できているはずのことが本当にできているのか、振り返ってみるべきポイントについて、以下に示すことにします。

(1) 認知

　ひとは、限られた範囲のことしか知りません。今日、インターネットの普及により、居ながらにして多くの情報を手に入れることができるようになりましたが、売り手がサイトを持たなければ伝えたいことがひとの目に触れることはありません。サイトを有していても、検索されなければ、持っていないことと同じことになってしまいます。
　購入を期待するひとに自社や自社の商品を知ってもらうために、大きな企業は広告費をかけて宣伝しています。それでも情報が行き渡る範囲には限界があるのですから、お金のない小さな企業にできることにはもっと限界があります。

図表2-2　販売に至るまでの3つの壁

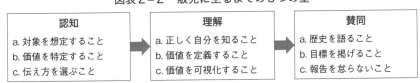

しかし、知られない限り購入されることはありません。まずは知ってもらうことから始めなければなりません。

　小さな企業は、小さいがゆえの有利さもあります。大きな企業は、たくさん売れなければなりませんので、たくさんお金をかけて宣伝する必要があります。これに対して、小さな企業は、一定量売れれば事業は成り立ちます。**小さな企業は、すべてのひとやかなり多くのひとに知ってもらう必要はないのです。**

　知ってもらうべきは見込み客です。数が少なくても購入可能性の高い見込み客に知ってもらえればよいのです。そのための最善の策を考えて実行します。手をこまねいていいては、ひとに知ってもらうことはできません。

　販路開拓を成功させるためには、認知度を高めることが不可欠です。ただし、認知度は高いほうが良いに決まっていますが、ただやみくもにお金をかけて広告しても認知度が高くなるとは限りません。

　できることには限界があります。**認知度を高めるためには、認知してもらう対象と伝える内容の範囲を決め、必要なことをできる範囲で行うことが大切です。**良い効果が表れれば、おのずとうまく伝える方法が見えてきます。

認知度を高める方法その1　対象を想定する

　購入が期待できる対象を想定します。ひとの考えは十人十色と言われますが、商品も千差万別とたくさんあります。自社の商品を購入してもらえる確率は極めて低いと考えたほうがよさそうです。しかし、必要とされるモノである限り誰かが購入してくれます。いま経営が成り立っていること自体がその証拠です。

　この極めて低い確率の中で、誰が購入してくれるのか、可能性を考慮して想定することが必要です。

第2章　販路開拓に足りないこと

認知度を高める方法その2　価値を特定する

ひとにも、いろいろなひとがいます。性別や年代層などが異なり、同じ性で、同じ年代であったとしても考えが異なり、求めるモノも変わります。そのため、同じモノであっても、大金を投じて買うひともいれば、タダでもいらないと言われるモノもあります。なぜなら、そのひとによって得られる価値が異なるためです。

これから販売したい対象が、どこに価値を感じてもらえるか、商品が持っている価値を、誰であれば評価してもらえるか、順序は問いませんが、相性を考えて良い組み合わせを想定します。

認知度を高める方法その3　伝え方を選ぶ

限られたひとに伝えればよいわけですから、伝えたい相手がどこにいるかがわかれば容易に伝えられます。特定の商品の持つ価値を求めるひとには共通性があり、同じような考えを持って似たような動きをします。

動き方を探れば、どこに伝えたいひとがいるのかがわかります。いま来てくれているひとがどこで知ったのかがわかれば、そこが伝える最適な手段や場所かもしれません。

何もしていなくても、それなりにひとが来てくれているとすれば、手を打つことで、さらに来てくれるひとが増えるでしょう。

(2)　理解

ひとは、購入を決断する際にリスクを考えます。安易に購入してしまうと「自分が損するのではないか」「あとで後悔するのではないか」と不安になり、大切なお金を使うことをためらいます。

ためらいは、理解不足に起因しますので、購入してもらうためには、よくわかり、「自分が損することはない」と感じてもらう必要があります。

良いことも損することも、正しく理解してもらうことが必要です。ひと

41

は、話を聞きながらうなずきつつも、本当に理解できているかどうかはわかりません。正しく理解してもらうための改善は、終わることはないと思ったほうがよさそうです。

残念なことに、**ひとは伝えたいことを素直に正確に理解してくれるとは限りません。**その理由は、培われた情報量や興味、関心の度合いに売り手と買い手のギャップがあるからです。誰しも賢い買い物が好きで、興味あることについては熱心に調べますが、興味を持つまでは、その情報を積極的に得ようとはしないものです。

「知ってはいるがよくわからない」と考えるひとは購入に至りません。購入するひとは、考えて納得できたひとのみです。自分に必要なモノか、どれを選ぶべきか、など考える材料を提供してはじめて理解が得られます。

つまり、**正しく理解してもらえるように情報を提供することこそが、考える機会を持たせ、購入を検討することに導く唯一の方法**です。

一方、情報は、むやみやたらに提供すると逆効果になります。**情報量が多くなるほど購入判断の選択肢が増えて判断に時間を要する**ためです。

販売を期待する相手が特定できれば、提供する情報をかなり少なく絞ることができます。判断しやすくなることで、結果的に理解が進み、迷いが少なくなるのです。

伝え方も大切です。ひとは情報を五感で捉えます。代表的なものは目と耳ですが、まずはここから着手することをお勧めします。業種や規模に関係なく、最も高い効果が期待できるからです。

理解を促す方法その1　　自分を正しく知る

伝えるべきことは「良さ」であり「価値」とも言います。価値があれば、ひとは対価を失うことを厭いません。価値が理解できれば、購入する決断に近づいていきます。

ところが、多くの企業では、自社や商品の持つ価値をうまく説明するこ

とができていません。何となくは説明できるのですが、改良の余地がないかと言えば実は多大にあり、もっとうまくまとめることができます。これは表現の方法だけでなく、価値そのものに気づいていないことも含まれます。自分のことが正しく理解できていなければ、ひとに伝えることはできません。

> 理解を促す方法その2　価値を定義する

　物事は、とかくあいまいです。「きれい」「おいしい」「すごい」など、よく使われる言葉ではありますが、その程度の理解は、ひとによってまちまちです。あいまいでわかりにくい表現によって誤解が生じたり、時として相手を失望させることにもつながりますので、注意が必要です。
　物事をより正確に説明する方法が「定義」です。定義付けをすることで、考えや立場が異なるひとが同一のモノを見たときに、認識の相違を最小限に抑える効果が期待できます。正確に何かを伝えるときは定義が役立ちます（図表2−3）。

> 理解を促す方法その3　価値を可視化する

　ひとの持つ五感の中で最もよく商談に利用されるのは目と耳です。話すことで耳を通して情報を提供できます。目で見ることができるものに情報

図表2−3　価値を定義する

定義とは、あいまいな事柄をはっきりとさせること

を記載すれば、放置しておいてもそれを買い手が見ることによって一定の役割を果たしてくれます。多くの情報をもたらしてくれるインターネットも、原則として目から情報が入ります。

　目から入る情報にはいろいろな種類があります。文字が最も伝わりやすいのですが、最近は動画がよく用いられます。写真や図形など、表現の方法にもいろいろありますが、まず、言葉を整理することから始めましょう。言葉は、目からも耳からも情報を得ることができるからです。

⑶　賛同

　「賛同」は、さしたる反対理由もなく、購入に対して前向きな考えが芽生えたときに生まれる心情です。売り手が伝えたい価値がよく理解できて、それを良しと感じることができたとき、ひとは賛同します。よく理解できたとしても、良しと思うことができなければ賛同には至りません。

　喩えて言えば、寄付は賛同の気持ちの表れです。商品の受け渡しがなくても、考えに賛同できればお金が動きます。売り手の考えが正しいと思えるときに、ひとは賛同するものです。

　賛同を得ることができなければ、購入決断には至りません。買う理由を、自らが持つに至っていないからです。ひとは理由なくお金を使うことはしません。何か必要な理由があり、期待があって、それを満たすことに対して投資するのです。

　「良いとは思うが買うには至らない」という程度の問題もあります。賛同は、その気持ちが強ければ強いほど購入するほうに傾きます。そのため、単に商品の価値を事実に基づいて理路整然と説明するだけではいけません。

　また、事実を語るのみでなく、情に訴えることが効果的です。情にもいろいろあり、「かわいそう」「助けたい」「応援したい」などさまざまです。ひとは、努力しているひとを応援したい気持ちを持っています。すごい商

第2章　販路開拓に足りないこと

品を開発したら、その努力をたたえたいという気持ちなどです。

　情に訴える場合、工夫や努力を伝える方法がよく用いられます。苦労を
ねぎらい、やり遂げたひとをたたえる、ひとが本来持つ本能のようなもの
が尊敬の念を抱かせるのでしょう。

賛同を得る方法その1　歴史を語る

　歴史がなぜ賛同につながるのか ── 、それは意外性を感じるからです。
過去のことなので、さかのぼって同じことはできませんし、その企業や商
品が持つ固有のものであるためだと感じます。努力の末か、はたまた偶然
か、いずれにしても、ひとの役に立って存在し続けることができています。

　企業や商品の多くが、必要があって生まれており、困っているひとが助
かったり、ひとの利便性を大きく高めたりと、果たしてきた役割を有して
いるものです。その事実や果たしてきた役割や貢献は、ひとの心を大きく
動かします。

賛同を得る方法その2　目標を掲げる

　ひとは、努力している姿に胸を打たれます。スポーツでも芸術でも、ひ
とができない偉業を成し遂げる姿を見て、自分に勇気を与えています。

　一方、何も考えることなく目指す目標もない、そのため努力している様
子もうかがえない、そんなひとを応援するひとはまずいません。

　目指す目標がわかり、その達成に向けてたゆまぬ努力をしていることが
わかれば、賛同や協力の対象となりえます。協力にまで至るかは相手次第
ですが、役立つことには間違いありません。

賛同を得る方法その3　報告を怠らない

　長く継続して利用してもらうことは、よりたくさんの接点を持つことに
なります。努力している様を見て応援してくれているひとには、その達成
や進捗を知らせることができます。より多くの賛同を得ることができれば、

45

応援や協力が見込めるひとを増やすことができ、結果的に販売機会が増えることになります。

感謝の気持ちを込めて目標の進み具合を報告することで、さらなる応援や協力がもらえるでしょう。報告を継続することで賛同者には続けて賛同してもらうだけでなく、新しい賛同者を増やすことにもつながります。

2-3 商談相手を販路に導く４つの手順

ここで伝えることは心理学のような話ですが、心理学ではありません。私が過去に経験した、成功したひとと失敗したひとの相違点から導き出した心得です。

「急いてはことを仕損じる」と言われますが、よく考えないで一方的に伝えたいことをまくしたてては、うまくいくものもうまくいきません。例えば、展示会や商談会に出かけるひとの中に無防備なひとが見受けられます。時間と費用をかけて商談するのであれば、より成果を高めるための備えに取り組むべきでしょう。

商談には順序があります。初めから真剣に話を聞いてもらえる場合は別として、あまり関心を持たないひとに挨拶して説明する場合は、相応の工夫が必要となります（図表２−４）。

話をする順序とも言えますが、商談の目的に照らして、何ができていて何が足りないかを確認してみてください。

第2章　販路開拓に足りないこと

図表2-4　商談相手を販路に導く4つの手順

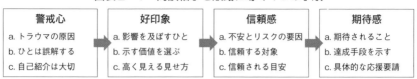

(1) 警戒心を解く

　多くのひとは、自分の身を守りたいと感じています。身体的な安全もありますが、経済的な損失から身を守ることもあるでしょう。ひとは、誰しも損をしたくはありません。そのため、知らないひとと接する場合やよく理解できていないモノを購入する場合、"損する要因を探す本能"を有しています。

　身を守っている間は、ひとの話に集中できません。相手のためになる事実を話しても、何か裏があるのではないかと考えて、素直に理解されません。相手が警戒して何かを探っている間は、購入判断に近づいていきません。したがって、いち早くこの段階から脱する必要があります。

　警戒心の多くは、誤解や憶測から生まれます。過去に損した経験、これをトラウマとも呼びますが、その再来を回避したいと誰しも思います。トラウマは、経験則とも言えます。「あることがあるとしたら、結果はこうなる」という推測が成り立つのです。用心深いひとはより慎重であり、より悪い結果につながる想像を働かせます。小さな兆候でも拡大解釈して、相手の話を信じようとしない傾向も見受けられます。

　そのため、事実を単にそのまま伝えるだけではなく、ひとの警戒心に応えなければいけません。ひとの警戒心の多くは事前に想定できます。その想定に基づいて、誤解や憶測、拡大解釈が間違っていることを相手に理解してもらう必要があります。それを、短時間で正確に行うことができるように備えることが大切です。

47

ひとは案外、間違えやすいものです。思い込みから軽率な行動を起こして、よく損をしてしまう生き物でもあります。また、ひとを信じやすく、信じてしまうと警戒する意識が乏しくなり、「まさか」と思える失敗を、よく体験してしまいます。

　ひとが警戒してしまう多くの原因は、過去の失敗経験、すなわちトラウマです。トラウマは一度経験してしまうと、その考えを変えてもらうことは容易ではありません。そのため「自分の見立ては間違っているかもしれない」と感じてもらうことが必要になります。

　自分の過去の経験に基づく考えに固執している場合、考えを変えてもらうことは難しいかと思いますが、客観的な事実を示して説明する努力が求められるでしょう。

①トラウマの原因

　「過去に買い物をして失敗したことがない」というひとはいないはずです。大切なお金の支払いを伴うため、より慎重に念には念を入れて購入決断したはずですが、少額の衝動買いもあれば、大金をはたいたことも含めて、なにがしか後悔した経験を持つものです。トラウマが不安やリスクの原因であるとすれば、どのようなことが対策につながるのでしょうか。

　購入を判断する際に、念を押して確認されたことや、それ以前に問い合わせ段階で質問されたことが不安です。相手は、自分の都合に合うかどうかは、質問や確認によって行っています。そう考えれば、できる事前の備えもたくさん見つかるはずです。

②ひとは誤解する

　ひとは往々にして思い込みをします。過去にトラウマを持っていれば、悪いほうに憶測が働きますが、良い印象を持てば過大に評価してしまう傾向もあります。真実はひとつしかありませんが、ひとによって受け止め方が異なります。

48

第2章　販路開拓に足りないこと

　例えば、「おいしい」「安い」と商品の価値を伝えなければ売れません。ひとによっては正しくて、ひとによってはうそをつくことになります。良くも悪くもひとは錯覚し誤解します。誤解を解くカギは、どのように認識されているかにあります。どの点に疑問を持ち、不審を感じるのか、それをつかむことで認識の不一致を少なくすることができます。

③自己紹介は大切

　「悪意を持ったひとほど良心的を装う」と言われます。ひとは見た目で判断されることが多いため、身だしなみや清潔感、第一印象が大切とされます。

　中でも嫌がられるのは売り込みです。必要ではないモノの購入を説得されることは苦痛でしかありません。「買ってくれれば誰でもよい」という考えも不快です。自分をお金としか見ていないと思われるからです。

　自己紹介は、誤解の解消を目指して始められるべきでしょう。警戒心を抱いたままでは、話を素直に聞いてもらうことは難しいからです。

⑵　好印象を持たせる

　警戒心が解けただけでは購入判断には至りません。その商品に興味や関心が湧き、対価を支払ってでも手に入れたいと思われなければ購入の決断はされません。欲しいひとは高額であっても、お金がなくても、借金してでも欲しいモノを手に入れます。欲しいと思わないひとは、安くても無料でも購入判断には至りません。

　「自分に必要なモノである」と感じてもらえない限り、購入を判断されることはありません。ではどうしたらよいのでしょうか。できることのひとつに、ひとを特定することがあります。すなわちターゲットを設定することです。マーケティングの基本中の基本です。

　特定のひとにとってはひときわ便利、その特定のひとに自分が含まれて

49

いるとすれば興味を抱くひとも増えるでしょう。特定のひとと言っても、極めてたくさんのひとが該当します。商品やサービスの持つ用途や機能を特定のひとに絞り込むことで、興味や関心を抱いてもらえる可能性が高まります。

　ほとんどの場合、購入判断は自分ひとりで行いますが、常にひとりとは限りません。特に企業の仕入れなど継続取引を行う場合は、とても慎重です。自分ひとりでは決められず、上司の決裁が必要である場合など取引判断に影響を及ぼすひとがいます。

　スーパーのバイヤーが売れると思って仕入れても、消費者に支持されなければ売れません。消費者の買い物も例外ではありません。家庭の主婦などの消費者が購入したとしても、その食材を調理して食べた家族が、次もリクエストしてくれなければ、購入は継続しないのです。

　販路を構築するためには、購入判断に関わるすべてのひとに支持される必要があります。好印象を得る対象が誰なのか、登場人物を知る必要があります。誰にとってなぜ良いのか、商品によっては幅広く考える必要があります。

　ひとは、安くて良いモノを好みます。この良いモノの「良い」がひとによって異なります。販売する対象者が決まれば、そのひとの購入判断に影響を及ぼすひとが想定できます。そのひとにとって相性が良いこと、そのひとだから他の商品ではなく自社の商品を選ぶべきであるという理由が必要です。似たようなモノがたくさんありますので、誰にとって、なぜ良いのか、理由を示すことで選んでもらえることを目指しましょう。

　ひとは、持てる情報量が限られており、売り手の立場に立って良さを考えてくれることはまずありません。こちらで考えて示さなければ、買い手のほうで調べてまで情報を入手してもらうことはできません。手段としてホームページ、カタログ、チラシなどが多用されていますが、相性の良さは必須です。どのようなひとにとって"なぜ良いのか"をしっかりと示す必要があります。

第2章 販路開拓に足りないこと

①影響を及ぼすひと

　商談相手を特定することはもちろんのこと、これから始まる商談の意思決定に誰が関わってくるのか、登場人物を明らかにする必要があります（図表2-5）。

　ひとはひとに影響されます。そのひとが良いと思っても、反対するひとがいれば購入の決断はできません。その反対もあって、そのひとは欲しくなくても購入を勧める場合もあります。そのため、直接、商談する相手以外に対しても配慮が求められます。

　ここでいう配慮とは、商談相手と同等に買う理由、買わない理由を想定することを意味します。販売対象者を選定する際には、関わる登場人物全員に、買うまたは使う理由があり、買わないまたは使わない理由がないことを確認すべきでしょう。確認できれば適性があるとみなします。

②示す価値を選ぶ

　商品の価値は、性能、機能、精度など多様な表現で示されます。このうちもっとも欠かしてはいけない価値があります。それが「買う理由」です。

　示す価値を選ぶ選択肢としては、「必要とされる理由」「選ばれる理由」

図表2-5　影響を及ぼすひと

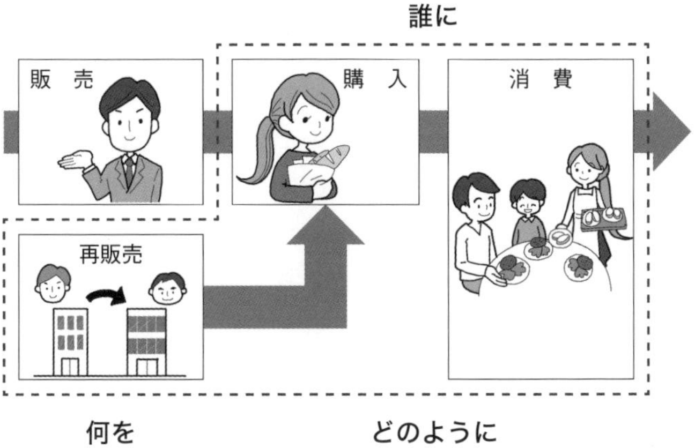

51

などがありますが、もっとも有効と思えるのが必然性です。たくさんの必然性があれば、おのずとひとが購入するはずです。その必然性をわかりやすい言葉にして「買う理由」と呼んでいます。

　買う理由は販売対象者によって異なりますので、使い分けなければいけません。たくさん買う理由を見つければ、セールストークや説明資料の作成に役立つことでしょう。まったく思いつかないモノは、売れないかもしれません。

③高く見える見せ方

　「良いモノを安く買う」ことが購入者の期待です。どんなに良いモノであっても、見合う価格を大きく上回るモノは購入を決断されません。安くすれば売れるのかもしれませんが、それでは商売が成り立ちません。購入者に高い満足を提供しながらも、高い価格で販売しつつ高い利益率を実現している事例も多くあります。何が違うのでしょうか。

　多くは商品そのものよりも提供方法に工夫を凝らしています。商品の付属品、包装などのほか、ネーミングやコンセプトなどが個性的です。買い手の心をくすぐるような接客対応やアフターサービスなどが評価されている場合もあります。

⑶　信頼感を醸成する

　購入を決断する際に、迷いをなくすのが「信頼」です。相手が信頼できないとしたら、これまで受けてきた説明はすべてうそかもしれないと感じてしまいます。購入するいまこの時も、購入したあとも、きっと後悔することなく満足できると感じてもらえなければ売れません。

　信頼を高める対象は、商品、企業、そしてひとです。この順序で大きく３つ信頼される理由を想定します。信頼は、想定や期待を超えることで高められます。商品の機能や性能、提供する企業の対応、そして間違いがな

第2章　販路開拓に足りないこと

く購入価値を担保してくれるひとがそろって、はじめて信頼されるのです。

　信頼の反対は不安とリスクです。ひとは、**購入を決断した結果が過去に失敗したトラウマの再来となることを避けたい**と考えます。

　信頼は、そのひとに満足を与えるだけにはとどまりません。ひとの多くは、信頼できるひとばかりからモノを購入しているわけではありませんから、信頼できるひとを探しています。満足できて信頼できれば、紹介されることが期待できます。口コミで広がる理由がここにあります。

　商談相手が、購入をためらう理由や特に強く念押しして確認されることが不安やリスクに当たります。過去に失敗の経験がある場合、自分が犯した判断ミスやそこに至った原因を理解している場合があり、再度、同じ失敗を繰り返さないために念を押すのです。

　信頼は、商品、企業、ひとを対象として評価した結果決まります。それぞれにおいて不安やリスクを感じる理由、その対策と安心できる根拠を示すことが、信頼を高めます。

①不安とリスクの要因

　ほとんど納得できていても、最後の段階でためらってしまう要因が、不安とリスクです。失敗して後悔した苦い経験でもあるトラウマを繰り返すことがないようにと、ひとはとても慎重になるわけです。

　警戒心は、相手が強引に売り込む意思がなく、警戒すべき要因がなくなって、なごやかな雰囲気になれば解消されますが、それでいても過去に失敗した経験を忘れていません。

　失敗と後悔を繰り返すことがないように、確かな購入を支援する感覚で、商談相手の立場に立って、不安やリスクに備えます。

53

②信頼する対象

　商談の際の判断は、「商品」→「企業」→「ひと」の順番で進みます。企業とひとが入れ替わることもありますが、商品は概ね最初に選別の対象となります。商談は、商品を購入判断するために行われますので、いかに会社が信頼されたとしても、商品に価値が認められず、必要ないと判断されれば注文にはつながりません。

　最初は、自己紹介から始まります。相手に信頼してもらうために、どのような企業であるのかを説明することが常です。就職の面接と同様に考えて、志望動機や自分のスキルを、採用されるように説明できるようにしておくべきです。

③信頼される目安

　ひとの信頼に絶対はありません。では、どの程度を目指せばよいのでしょうか。

　その正解もありません。回数を重ねる方法しかないと考えたほうがよさそうです。あるひとは、たった1回で信頼してくれて長いつきあいになることもあり、ひとによっては数回で他社に代わってしまいます。長年、反復継続して購入してもらっていても、些細なことで信頼を損ねることもあります。信頼されている目安は測りにくいのですが、間違いなく言えることは、信頼されるまでにはかなりの時間がかかり、一瞬で失うこともあるということです。

⑷　期待感を待たせる

　商品の購入は、信頼段階まで到達することができれば決断されます。期待感は、それをより強固なものにするための担保と考えます。期待感まで考えて商談するひとは少ないと思いますが、初回もしくは数回で、商談相手から販売協力を取り付けるひともいます。

54

第2章　販路開拓に足りないこと

　同じ協力をしてもらうのであれば、早いことに越したことはありません。それができるかどうかは、相手に期待してもらえるかどうかで決まります。

　期待感は、自分と商談相手との距離にも喩えることができます。自分の考えを、自分と同等に、それ以上に深く理解して、力を貸してもらえるひとは、ほとんど期待されています。応援と期待は、表裏一体の関係にあります。

　期待は、相手の考えに賛同できることでのみ持たれます。この場合の考えとは、何のために、何を目指して、何に取り組むのかという要素で示すことができます。何のためは「事業の目的」、目指すことは「目標」、取組みは「達成手段」と表現できます。このように、**目的、目標、達成手段がひとに期待される3要素**と見ることができます。

　ひとは、目的や目標を達成するために努力を積み重ねます。目指す目的や目標に共感することができれば、いま取り組んでいることに力を貸してもらえるかもしれません。

　期待感を高める3要素は、目的、目標、達成手段です。単に自分の都合で決めるだけでなく、評価してひとから共感されるものであるのかを確かめなければいけません。例えば、自分の利益や自社の繁栄など個人のみが利することは、ひとの共感を呼べません。広く世の中や困っている特定のひとの役に立つことなどが一般的には示されます。

　多くの経営者は、すでにひとの役に立つという考えを持って努力されていますが、それが言葉になっておらず漠然としているため、期待感を高めることにつながっていません。それが残念なところです。

①期待されること
　多くの事例を見ると、短期間にたくさんの販売協力が得られたひとは、共通して「目的」と「目標」を明確化しています。
　「目的」は、「使命」や「役割」と表現できます。誰にとってどのように

55

役立つのかを示すことで、そのことに対して共感したひとたちが購入する
だけでなく、資金協力や見込み客の紹介という形で実利を伴う協力をして
くれるのです。確かに「何のためにがんばっているのですか？」と問われ
て「食べていくためです」では、あまり共感が持てませんね。

　「目標」は、目的の達成度合いを確認するための中間的な「目安」と考
えます。目的と目標の両方を決めることで、達成可能と考えたひとが、物
心両面から協力してくれるのです。

②達成手段を示す

　目標は、ただ掲げただけでは実現しません。それを達成するための具体
的な取組みが求められます。ひとは、目的や目標もさることながら、達成
手段に共感します。「そのひとにしかできない」「そのひとだからできる」
という才能や立場、運の良さなど、自分と異なる強みを有していたり、恵
まれた環境にあるひとを応援する傾向があります。

　強みや環境に加えて共感されるのは、やはり工夫と努力でしょう。賢い
やり方、難しいことでもめげない意欲など自分に持っていないもので、自
分も達成できればうれしいと感じたときにひとは共感します。つまり、共
感を呼ぶ工夫と不断の努力が求められます。

③具体的な応援要請

　少しあつかましい話ですが、期待されているかどうかを測る方法があり
ます。それは試すことです。普通ではお願いしにくいことをあえてしてみ
ると、期待の程度がわかります。

　応援には、掛け声だけの社交辞令と、物心両面から支えてくれる協力が
あります。自分が力を貸してほしいと感じたときに協力を要請してみると、
社交辞令かどうかがわかります。

　もちろん、ある程度時間が経過してから行うべきではありますが、あえ
て協力を要請することで、何か手伝えることはないかと考えたひとに、行

動に移してもらえるケースもあります。

2-4 備えるべき5つの営業力

　ここで紹介する5つの営業力——発想力、信用力、発信力、対応力、維持力は、見込み客の発掘に成功し販売を伸ばしているひとが、なぜ成功できたのかを考えた結果、わかったことです（図表2-6）。すべて揃わなくても、チャンスをつかんで成功を収めたひとは、最低限ひとつ以上の営業力強化策に取り組んでいます。

　これら5つの視点から、販路開拓を実現するために何をすればよいか、同時に何が不足しているかを考えることで、優先して取り組むべき課題が見つかります。

　やみくもに時間やお金をかけるのではなく、必要な取組みをまず認識して、優先順位を付けて取り組むことが大切です。

(1) 発想力

　世の中にはすでにさまざまなモノがあふれており、少々のモノでは関心を示してもらうことはできません。そこで注目されるためには、これまで

図表2-6　備えるべき5つの営業力

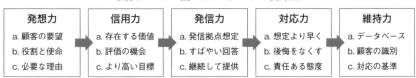

と異なる違いが必要であり、それを思いつく力のことを「発想力」と呼んでいます。

　ありきたりなモノやよく目にするモノには、ひとはあまり興味を示しません。かといって新しければよいというものでもなく、ひとが共感する何かがあることが求められます。

　すべてのひとに共感されるモノはないかもしれませんが、ごくひと握りの限られたひとであったとしても、その存在が確認できれば、販売機会が見つかるかもしれません。

　そのためには、共感を得るための材料を産み出すことが必要であり、その材料を考える能力が「発想力」です。

☞ 発想力 を備えるための具体的な取組み

取組みその1　顧客の要望にこたえる

　リクエストに応えること、質問に答えることによって大きく道が拓けることがあります。いま取り扱っていなくても、お客様は「そこにあるのでは？」と感じることで要望を出します。質問も、すでに答えを持っていて、それを確認するために行うことが多くあります。「ここに来れば、このひとに頼めば何とかなるのではないか？」と考えた、何気ないリクエストや質問の中に、次につながる大きなヒントが隠されています。

Key Word ···

顧客の認識…どの店で何を販売しているのか（いないのか）がわからない。

リクエスト…できると思うことを要望する。それが顧客の隠れたニーズ。
··

取組みその2　役割と使命を示す

　商品に意味を持たせることで、商品そのものを必要としないひとにも関心を持ってもらうことができます。その商品の販売に取り組むことで、誰

第2章　販路開拓に足りないこと

のために、どのように役立つのかを示すことで、そのことに賛同してもらえるひとに、販売に協力してもらえることがあります。

　ありふれた商品であったとしても、困っているひとを助けることにつながる理由を見つけたことで、想像もつかないような販売支援が得られた例もありました。

Key Word ....

販売支援…公的な支援機関や金融機関などは企業の販売支援に取り組んでいる。

賛同できる意義…社会的な意義のある取組みほど、より手厚い支援が受けられる。

....

取組みその3　　**必要な理由を示す**

　初対面のひとに対して商品を購入してもらえるように説明することは、とても難しく、購入してもらえる確率はかなり低くなります。しかし、いまは必要なくても、どのようなときに役立つのかを示すことができれば、相手の記憶に留めてもらえるかもしれません。その場面は、ひとが時々出くわす、困り事が生じたときです。必要を感じてもらえる場面で思い出してもらえれば、声を掛けてもらうことができます。

Key Word ....

想定場面…普段たくさん見かけるタクシーは、いざ乗ろうとしても来ない。

記憶…困ったときは、頭の片隅にある程度の記憶でも頼りにされる。

....

☞　**発想力**で期待できる効果

　発想力を高めることで、着実に注目度を高めることができます。

59

販売したい商品などがごくありきたりで、普通であれば目に触れても受け流されてしまい、商品に興味を持つことや購入を検討されることもなく、結果的に販売にまで至りません。

　しかし、ふとしたことでひとの興味を引くことができれば、販売の機会を大きく広げることがあります。これまで注目されることが少なかった商品が、些細な事をきっかけにヒット商品になる事例は少なくありません。「自己の商品はひとの注目を浴び関心を抱いてもらえるか」を考えながら、できる工夫に取り組むことは、とても大切なことです。

⑵　信用力

　ほとんどのひとは、初めての商品の購入や初めての注文・取引には抵抗を持ち、慎重に構えます。初期段階における警戒心を解き、相手を安心させる方法を考える力を「信用力」と呼びます。

　ひとはひとの意見を尊重します。例えば、旅行サイトやショッピングサイトのレビューなどは、実際に利用や購入したひとの意見が良い評価であっても悪い評価であっても、大いに参考にされています。芸能人などの著名人に勧められた商品は、あまり迷うことがなく多くのひとが購入してヒットする例のように、ひとはひとの意見に流されやすい傾向があります。

　自分で自分をほめると自画自賛となりますので、実際に商品を使用したひとが高く評価してひとに伝えてもらえることが効果的であり、そうなる方法を見つける能力が「信用力」です。

☞ ■信用力■を高めるための具体的な取組み

▶取組みその1　存在価値を示す
　購入するかしないかだけでなく応援してもらえるかどうかも、共感できるかによって変わります。商品の持つ価値は、それほど短時間で理解でき

るものではありません。ほとんどの試し買いは、理解不十分なまま勘で行われます。そのため、商品の果たす役割や当社がなぜこの商品を販売しているのかなどについての、意義や目的を示すことが効果的です。ひとの疑問の根幹は、その商品が存在する意味にあります。

Key Word

商品の価値…販売対象者に対する商品の必然性を考える。

企業の価値…販売対象者や広く社会に対する使命、役割、存在意義を示す。

取組みその2 外部の評価を得る

　自分で自分の商品を評価してもそれは自画自賛となってしまい、信用を高めることにはつながりません。世の中には、ひとから評価を受ける機会が案外と多くあります。自分が感じている価値がひとから見たらどうなのか、コンテストやコンクールに応募すればわかります。また、行政による補助金も事業計画が審査されます。自分の考えが、ひとから見て妥当なのか、無料で確認できる機会はたくさん設けられています。

Key Word

外部評価…第三者に評価されると自分の自信につながり改善点も見えてくる。

事業計画…評価を受けるだけでなく補助金が受けられ広報もされる。

取組みその3 より高い目標を目指す

　信用の創造にゴールはありません。あるところまでたどりつけば、次のハードルが見えてきます。そのハードルを越えるためには、さらにたくさんの協力が必要になります。

　忘れてはならないことに、賛同者に対する報告があります。特に返事を期待しなくても、見守ってもらえるだけでよいのです。次に目指す高いハードルを掲げることで背水の陣を敷くことになり挫折防止につながります。

> **Key Word** ....
> 報告…一方的に感謝の気持ちを込めて近況を知らせること。
> 背水の陣…最後まであきらめないで継続できる原動力になる。
> ....

☞ 信用力 を高めることで期待できる効果

　信用力を高めることで、購入に至るまでのハードルを大きく下げること
ができます。
　良いと思っても、初めて経験する買い物には、さまざまな不安がつきま
とい、結果的に意思決定することができず、商品に対する関心も薄れてし
まいます。そのうちに記憶から消し去られてしまいがちです。
　しかし、迷いのもとになる不安を払拭でき、信頼できると感じることが
できれば、衝動買いが期待できます。深くその商品のことを知らなくても、
試してみて良ければリピートにつながります。販路の糸口は偶然の試し買
いから始まります。

⑶　発信力

　自分の良さを自分自身が広めることは自画自賛とも呼ばれ、信用されに
くいものです。信用されるためには、利害関係のない第三者が奨めてくれ
ることが効果的であり、その方法を考える力を「発信力」と呼んでいます。
　小さな企業の商品は、宣伝する力が乏しいため、存在そのものが知られ
ていません。そのため、まず見込み客に商品の存在を知ってもらうことが
必要ですが、できる方法には限りがあります。
　ひとがひとに伝えたくなるためには、ひとに伝えたくなる理由が必要で
す。その理由に共感するひとが多くいれば、伝わる範囲はより広くなりま
す。広く知られるためにひとがひとに伝えたくなる理由を考えるとともに、

第2章　販路開拓に足りないこと

実際にひとに伝えてもらえる方法を見つける能力が「発信力」です。

☞ 発信力 を高めるための具体的な取組み

取組みその1　　発信拠点を設定する

　漠然とやみくもに発信すると考えるのではなく、拠点を設定すると効果的です。

　ホームページやブログなどインターネットによる情報発信がさかんです。以前は、折り込みチラシや広告が主流でした。しかし最も効果があるのは、ひとの口によるものです。協力的なひとに、伝える相手を選り分けて伝えてもらえることほど効果的なものはありません。誰に対して、誰を介して価値を伝えてもらえるのか、偶然に期待するのではなく、意図して拠点を設定することが大切です。

Key Word ⋯⋯⋯⋯⋯⋯⋯⋯⋯⋯⋯⋯⋯⋯⋯⋯⋯⋯⋯⋯⋯⋯⋯⋯⋯⋯⋯⋯⋯⋯⋯⋯⋯

偶然⋯「たまたま」は、たまたまなので早く廃れてしまうおそれがある。

意図⋯広める力を持った影響力のあるひとに発信拠点になってもらう。

⋯⋯

取組みその2　　素早く回答する

　発信すると反応が期待されます。最初の反応は問い合わせなどの質問であることがほとんどです。その際に、慌てふためくのではなく、冷静かつ迅速に回答できることが相手の印象を高めます。

　その質問は、多くの場合、意表を突いたものではなく、想定できるものがほとんどです。質問の真意を確かめて、何が知りたいのかを考えて、相手が期待する以上のていねいな回答を相手にできるように備えます。

63

Key Word ....

表面的…真意を隠す場合とうまく言葉で表現できない場合がある。

真意…相手の心の中にある考えをつかむことが質問の目的。

....

取組みその2　継続して提供する

　自分の持つ価値に賛同してもらい、広めてもらえる協力者は大切な存在です。そのため、良い関係を長く維持することが必要です。そこで有効なのが、広める材料を継続して提供することです。ひとりよがりで考えることなく、受け取ったひとが広めたくなるような内容のものかを評価することが必要です。

　材料を提供しても、広めてもらえることに過度な期待を持ってはいけません。当然ですが、相手に強いることをしてはいけません。

Key Word ....

広める材料…受け取った側のひとから見て、広めたくなる内容で。

継続して提供…間隔が開きすぎると関心も薄れてしまう。

....

☞ 発信力 を高めることで期待できる効果

　「悪事千里を走る」と言われますが、悪いことはすぐに広まっても、良いことはなかなか広まりません。伝えたくても伝えられない難しさがありますが、先に示した「発想力」や「信用力」を高める過程において、「発信力」も自然と養われていくようです。

　今日、ＳＮＳによって小さな企業が情報を発信することが容易になってきましたが、それのみで販売が伸びるというものでもありません。しかし、何もしないよりは効果が見込め、小さな企業であってもホームページはもはや不可欠な情報発信ツールとなっています。

第2章　販路開拓に足りないこと

　誰が広めるか、なぜ広めるかによって広まり方にも違いがあり、偶然に頼らず意図して広めてもらえるひとを想定するのはとても大切なことです。

⑷　対応力

　初めてのお客様は、ほぼお試しの一見客と考えるべきです。次も利用するかどうかは、商品の満足や店の対応の良し悪しによって決まります。次の利用が見込めなければバザー同様、一過性で終わってしまいます。**長く継続して利用してもらうために必要な対策を考える力が「対応力」です。**

　販路とは、反復継続利用される顧客を指しますが、実際には、再利用してもらえる確率は思ったほど高くはありません。そのため、再利用を促すために、次も利用してもらうことができる理由を設けることが必要です。

　売り手からみれば、再利用してもらうことはとても難しいことのように思えます。大半が試し買いで終わります。ところが、実際に多くの買い物や注文は、同じところで行っています。他店ではなく、次も当店を利用したくなる理由を考えるとともに、それを実行に移してもらえる方法を見つける能力が「対応力」です。

☞ 対応力 を備えるための具体的な取組み

取組みその1　想定よりも早く

　相手の印象は、対応スピードによって決まります。返事を求める連絡を受けた場合、相手が期待する時間は、受けるほうが適当と考える時間よりもほとんど場合、短いようです。どんなに対応の内容が優れたものであったとして、この連絡そのものが遅れた場合、不満が生じます。期待以上に早ければ、たいした工夫がなくても良い対応であったと感じてもらえます。意外と迅速性は大切です。

65

> **Key Word** ···
>
> 早い…安心感を与える。不満を抑えることにつながる。
>
> 遅い…必要なときに連絡がとれないとあてにできない。

取組みその2　後悔をなくす

　問い合わせや引き合いをもらうまでには、多大な労力を要します。せっかく試し買いまで導いたとしても、再度の利用に結びつかなければ、お客様はやがて離れてしまいます。

　続けるかどうかを判断する際に、この店やこの商品との相性が考慮されます。自分にとって必要なモノであるか、他と比較して有利かなど、大切なお金を使うにあたり慎重に考えます。

　すべてのひとに対応できないかもしれませんが、この店を選んでよかったと感じてもらえる理由が見つかれば、継続確率は高まります。

> **Key Word** ···
>
> 相性…自分に合っているか、自分にとって必要なものかを自問自答する。
>
> 比較…もっと他に良い商品はないか、便利な店はないかを判断する。

取組みその3　責任ある態度を示す

　多くの場合、初回の購入は迷いながら、他と比較しながら行われます。そのため、まず率直に選んでもらえたことに対して感謝の気持ちを伝えるべきです。そのうえで、お届けした商品や提供方法が期待に添えていたかを確認することも、販売に責任ある態度を示すことにつながります。

　さらに、販売した商品をより有効に、より長く使用してもらうために必要な販売後のアドバイスは、販売者に対する信頼感をさらに高めます。

> **Key Word** ···
>
> 感謝の気持ち…利用を当たり前と考えず、心から感謝して言葉で表す。

第2章　販路開拓に足りないこと

販売後のアドバイス…より有効に使える助言や長く大切に使用できる手入れ
　　　　　など。

☞ 対応力 を備えることで期待できる効果

　新規の顧客を獲得することはとても難しく、まして反復継続してもらえ
るように関係を維持することは、さらに難しいことのように感じます。
　しかし現実には、企業やお店の顧客の多くは、反復継続して注文しても
らえるリピーターが多いことを考えれば、方法いかんによってはリピータ
ーをより多く獲得することができます。
　もちろん、これまでも再利用してもらうために、どの企業も最大限の創
意と工夫を凝らしていますが、常にできているかと言えばそうではないか
もしれません。
　いつも、ムラなく期待を超える対応ができるように、取り組むべきこと
を標準化してルールを設定し、再利用がより増えるように改善しなければ
いけません。

⑸　維持力

　標準化された適切な対応のもとに、反復継続してもらえる顧客を増やす
ことができたとしても、それのみではまだ販路とは呼べません。顧客は「か
えりみる客」と書きます。何度も反復してもらえてこそ顧客と言えるので
す。
　ひとは常に飽きる習性を持っていますが、**飽きさせることなく、より長
く続けて購入してもらえる方法を考える力**が「維持力」です。
　見込み客からお試し客、そして反復継続客へとつながりを深めていく間
には、多大な労力やコストを要します。苦労して関係を構築しても、離れ

てしまうのはほんの一瞬です。客も求めることが異なり、あるひとにとってより良いサービスが、別のひとに良いとは限りません。そこに顧客管理の難しさがあります。

そのために、必要なことは漏れなく行い、求められていないことはしない、ひと別の対応が必要とされます。そのルールを考える能力が「維持力」です。

☞ 維持力 を保つための具体的な取組み

【取組みその1】 データベースを構築する

いま顧客が何名いるのか、その内容はどうか、との質問に即座に答えられるひとはあまりいません。実際に数えてみると案外少なく、また維持できているかという観点から評価した場合にも、はっきりしないケースが多く見られます。

大切な存在であると考えながらも意外と顧客のことがわかっていません。顧客の量と質を正しく把握することで、これから打つ手が明確になってきます。データベースを構築することは、顧客対応の効率化につながります。筆者は、単なる住所録を顧客リストと呼び、対応方法を考える情報が得られるものをデータベースとして使い分けしています。

Key Word ···

顧客リスト … 氏名、住所など送付物のお届け先など住所録に近いもの。
データベース … 顧客の量と質がわかる。今後の取組みの根拠となるもの。
···

【取組みその2】 顧客を識別する

顧客は、さまざまな層に分かれます。求めるニーズや販売への貢献など色々です。そこで考えた分け方が、期待値と関係性です。

第2章　販路開拓に足りないこと

　期待値とは、未来を想定し、より多く購入が期待できるかどうかです。過去はあくまでも過去です。関係性は、親しい関係にあるか、疎遠な関係にあるかです。

　この分け方は確固たる基準があるわけではなく、あくまでも印象ですが、よりたくさん購入が期待できるひとが見えてきて、どうすればよいかがわかるようになってきます。顧客は同質ではないとわかっていても、実際に区分けするのは大変です。

Key Word

期待値…より多くの購入が期待できるか、未来の潜在的購買力を示す。

関係性…信頼されて期待され親しい関係にあるかないかを見分ける。

取組みその3　対応の基準

　顧客への対応の程度を深く考えてみると、手段と頻度によって決まることがわかりました。手段は意外と限られていて、コミュニケーションの方法により、「会うこと」「電話すること」「メールすること」「送付すること」にほぼ限られます。

　会うことや電話は一対一ですが、メールや送付物は相手を考慮せず同じものを送付する場合と、相手を選んで個別に送付する場合に分かれます。相手によってどの手段がよいかを選択して、どの程度の頻度で接点を持つことがよいのかのルールを設けます。

Key Word

会う…訪問や面談すること。時間とコストがもっともかかる。

電話…時間やコストはかからないが、相手の時間を拘束する。

個別…相手を選んで、相手に合った内容で送付物を送る。

一斉…相手を考慮することなく、同じものを全員に送る。

69

☞ 維持力 を保つことで期待できる効果

　量販店はポイントカードを発行して、顧客の囲い込みや関係維持に努めています。健康食品や旅行などの通信販売もデータを駆使して、販売を伸ばしています。そのような状況の中、小さな企業は、データを活用できていないところが多く、その原因はデータを有していないこと、その収集方法や活用方法がわからないことにあります。

　もちろん、データは万能ではないので、データを集めるだけでは顧客を維持できるわけではありません。しかし、データがあることで、かなり販売機会を見つけることができます。

　少なくとも、やみくもかつ場当たり的ではなく、目標と効果を考えて手が打てるようになります。費用対効果を考慮した顧客の維持を実現するためにデータベースは不可欠です。

☞第2章のまとめ

・温故知新、先人の知恵など、過去に経験したひとの考えに学ぶことは有益です。筆者もこの重要性に気づき、販路開拓に成功されたひとが、なぜ成功されたのかに着眼したことで、多くの規則性がわかってきました。

・効果的な販路開拓の取組みは、足りないものを知り、備えることによって始まりますが、その中には、優先すべきこととそうではないことがあると感じました。

・また、定義することで標準化を進めることは、業種や顧客対象の違いに関係なく効果が期待できます。この心得が、まず何から始めればよいかと迷われるひとに役立つことを期待します。

第3章

販路開拓の原理原則

成功した人はみな同じことに取り組んでいる──。筆者がアドバイスを行った企業の中には、突出した成果を上げた先が複数あります。

共通点をまとめてみると、「短期間で売上を倍増させた」「難易度の高い先と取引できた」「安定した顧客基盤を確立できた」などがあります。この中には、想定した原理原則を当てはめてアドバイスした結果によるものや、すでに取り組まれていて教わった企業などもあります。いずれにしても、成功要因と呼べる取組みを着実に行っている企業ばかりです。

本章では、そのような実際の事例に基づいて集約した成功要因を、「販路開拓の原理原則」として5つにまとめました。

本章では、販路開拓の原理原則について5つにまとめ紹介します（図表3-1）。原理原則の裏側は「壁」とも呼べます。うまくいかない要因でもあり、その要因に対して実際に講じられた対策とも言え、困難を打開したポイントでもあります。理論ではなく、実際に効果が得られた事例に基づくものです。ひとがいなくてもお金をかけなくても、できることばかりです。

　5つの原理原則をすべて取り込む必要はありません。1つでも2つでも、共感できる項目について参考にしてください。中には、実情にそぐわない（ように見える）ものもあるかもしれませんが、関係ないとは思わずに自己に当てはめてみてください。意外に大きなヒントが隠されているかもしれません。

3-1　原理原則その1 「適性を決めること」

(1)　適性を決めないことの弊害

　「適正」とは正確で正しいものと考えるのに対して、「適性」は相性が良いか悪いかを判断する意味で用いられます。ここでは組み合わせの妥当性を表します。

図表3-1　販路開拓5つの原理原則

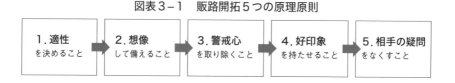

組み合わせとは、対象顧客と商品のことです。必要とされない商品は安くしても売れませんが、必要であれば高額でも売れます。その組み合わせが妥当なものかを考えてみることが求められます。

①相手を選ばない

「これが売りたい」と自分の都合のみで、相手を選ぶことなく無差別にアプローチして、労力やお金を消耗するケースがあります。いつか購入者にたどりつくかもしれませんが、たどりつく保証はありません。方向性が決まらなければ、いつまでも漂流することになります。

②売りたいモノを売る

いきなり難しいモノを示しても容易に購入の判断はできません。難しいモノとは、高額なモノや経験したことがないモノなど、購入に失敗した場合の損失や後悔が大きいモノです。見込み客が見つかったとしても、契約までに時間を要することが多いようです。

③需要を確認していない

誰しも売れることを目指して販売していますが、そこに需要があるのか、競合の程度がどうかまで深く考えていないことが多いようです。需要があることを確認する作業を通して顧客対象が明確になりますが、そうした検討を行っている売り手は、意外と多くはありません。

⑵ 事例に基づく応用イメージ

ここで紹介する販路開拓の成功事例は、やみくもにアプローチするよりも対象者と商品の相性を考えて行動に移した結果、短期間で成果が得られた事例です。漂流状態から脱したことはもちろん、いまは破竹の勢いで販売実績を伸ばしています。

事例① 加工紙メーカー（☞168ページ参照）
　物流業界に紙を納めていましたが、加工した紙が別の用途にも求められていることがわかり、売り先を変えてみたところ、思わぬ反響がありました。高級感が感じられることから花卉(かき)業界にアプローチした結果、生花の贈答用ラッピング用紙としての取扱いが広がり、利益率が大幅に向上しました。高く購入してくれるひとを探し求めた結果です。

事例② 縫製品メーカー（☞170ページ参照）
　自転車や二輪車に付帯する縫製品を製造販売していましたが、輸入品と競合することから新たな販売先を模索することになり、ゴルフカートのシートカバーを開発しました。有能な女性事務員の機転と行動力によって、電話セールスではありながら全国への販売を実現しています。シートカバーには底堅い需要があると確信が持てていました。

事例③ 文具店（☞182ページ参照）
　良いモノを持つひとは、良いモノで揃える傾向が高いと考えて、ありそうでなかった国産高級筆記具を開発し、高所得者層の開拓に成功しました。同じ客層を狙った高額な書類用ファイルにも取り組んで固定客を増やしています。良いモノを求めるひとが好む工夫を随所に取り入れて、しっかりと心をつかんでいます。

事例④ テニス用品店（☞184ページ参照）

　本業のテニス用品は価格競争に陥り苦戦を強いられていましたが、当店を信頼してもらっているお客様の声に耳を傾けてみたところ、足に関する悩みが多いことに気がつきました。足の痛みを緩和する靴の中敷の取扱いをはじめたところ、テニス以外のスポーツ愛好家や立ち仕事をするスポーツ以外のお客様へと客層が広がりました。

事例⑤ コンサルタント（☞192ページ参照）

　マジックは、ひとを楽しませるサービスですが、ひとを注目させるという効果を深く掘り下げて考えた結果、顧客が見えてきました。良い商品を持ちながら売れない企業や認知すらされていない商店など、ひとから注目されたい見込み客がたくさん考えられるようになりました。ノウハウをまとめセミナー講師として開業すると、瞬く間に全国展開を果たしました。

☞このことからわかること…「欲しいひとを見つけること」

　いずれの事例も欲しいひとを見つけることに成功しています。ひとが決まっていれば、耳を傾けて求めているモノを探すこと。モノが決まっていれば、欲しいひとを考えてアプローチすること。その際に購入判断のハードルを下げるために、リスクの低い糸口を作る商品を用意することなどが参考になります。

⑶ 適性の決め方

①需要の確認

　買い手の側から見て「買う理由」があるか、売り手の側から見て「売れる理由」があるかの必然性を考えます。はっきりとした答えは出ないかもしれませんが、考えてみることで顧客対象や商品の相性がわかり、働きかける方法が見つかります。

　誰に売るかだけでなく、どこで売るか、いつ売るか、どのようにして売るかなど、５Ｗ１Ｈで考えます。仮説を立てることができたら試してみます。そこでいろいろな反応が得られ、買わない理由、売れない理由がわかれば、改善、改良ができます。無理や矛盾のない必然性が想定できれば、販売対象者や販売方法もわかってきます。

②商品の取扱目的

　商品は、それぞれ扱う目的や役割を持たせます。もちろん販売して利益を上げることが目的ですが、利益につながらなくても一定の役割を果たすことは可能です。その代表例が目玉商品と呼ばれる採算を割るような低価格品です。その購入を目的にひとが集まることが目玉商品の役割です。そのほか、売れることを目的としない高額な商品も集客効果を高めます。

　商品には３つの役割があり、ひとを集める「**集客商品**」、反復継続を促す「**継続商品**」、しっかりと利益を得る「**利益商品**」と、バランスを考えることが有効です。いたずらに品目を増やすことは在庫投資効率を悪化させることになり、望ましくありません。

③誘導につながる品ぞろえ

　集客商品によって、まずお試しの一見客を増やします。すべての顧客はまずお試しから入りますが、気に入れば継続してもらえます。継続する過程で、次のお試しを繰り返しながら結果的に定着することになります。

第3章　販路開拓の原理原則

　あるモノを購入したひとは、あるモノを続けて購入するという傾向を持っています。欲しいモノには相関関係があります。

　誘導とは、購入者が次に欲しいと思えるモノを見つけ出して提案する作業です。「この本を買ったひとは、あの本も買っている」など、ネット販売でよく行われている手法です。

⑷　期待効果、メリット

①見込み客が早く見つかる

　相性を考慮して販売対象者と商品を特定することで、購入意思があるのかを試す方法がわかるようになります。特定することで対象者のことを深く考えて、立場が理解できるようになります。あれこれ目移りして誰もが見込み客に見える間は、深く考えることができません。深く考えることで、購入する見込みがあるのかないのかもわかるようになります。

②新たな商材が見つかる

　価格競争に巻き込まれてしまうと自信がなくなりがちです。数少ないとはいえ、高額であっても示す価格で購入いただける顧客はとても尊い存在です。いま一度立ち止まって質問や要望を振り返ってみると、自分に果たせる役割が思い浮かぶこともあります。それを取り扱うことができれば、意外に独占できるマーケットが作れる可能性があります。

77

3-2 原理原則その2 「想像して備えること」

(1) 備えを怠ることの弊害

　「備える」とは、問い合わせがあって初めて対応を考えるのではなく、問い合わせが入ると考えて、事前に必要なことを終えておくという意味です。最初の接点は、資料の請求や質問があって、資料を提供したり、質問に対応する段階から始まります。購入や取引の条件が求められ、合わない条件を譲歩して合意に至り、晴れて受注に結びつきます。

　早く結論を得るためにも、必要なことを可能な範囲であらかじめ終えておくことが備えです。

　しかし、後手に回って時間がかかりすぎたり、的を外れた回答をすることでタイミングを失ってしまうと、せっかくの引き合いが注文には至りません。

①体験や経験がない

　あえてこれまでと異なる顧客対象や新しい商品を販売するときは、わからないことがたくさん見つかります。相手の都合や考えを踏まえることなく、自分の都合だけで行動してしまうとうまくいきません。初めのうちは相手から学ぶ姿勢が必要です。

②わからない

　知識がないからといって放置してはいけません。できることがあるはずでも、やろうと思わなければ前に進めません。わからないにはわからないなりにできることもあるはずですが、あまり積極的ではなく相手の立場に

立つことを怠っているケースが多く見受けられます。

③うまくまとめられない

　相手に伝えるべき価値をうまくまとめようとしても、うまくいかないことがあります。迷いの起点は、誰を対象に備えるかがはっきりと定義できていないことにあります。価値を伝えようとしてもうまく文字や言葉にまとめることができない悩みを多く聞きます。

(2) 事例に基づく応用イメージ

　販売対象者が定義できれば、それなりに相手の立場に立てるはずです。難しいかもしれませんが、仮説を立てるつもりで余裕を持って考えれば少しは備えが進みます。そう考えて努力して販路を広げている事例を紹介しましょう。

事例① 雑貨品メーカー（☞156ページ参照）
　この話がうまくまとまれば販路が開拓できるという面談のチャンスをつかみ、どのような受け答えをすべきかを真剣に考えました。何を伝えるべきか、何をしてはいけないかを事前に想定することで、うまく商談がまとまり、反復継続する取引先を開拓しました。相手が喜ぶことを事前に想定できたことにより、短期間で信頼関係を構築できました。

事例② 建築資材メーカー（☞166ページ参照）
　引き合いはあるのですが、詰めが甘いため商談が長続きせず、立ち消えになってし

まうことが多々ありました。工場を見学してもらったあとどうするか、展示会に出展した際にはどうするかなど、しっかりと対応方法を考えたことで契約がまとまるようになりました。そのひとによって利用価値が異なることや期待される条件が異なることに気づいた結果です。

事例③ 水耕栽培装置メーカー（☞172ページ参照）

　自己の販売する商品を、遠方から費用をかけて見に来てもらえると、とても心が躍ります。いろいろな質問を受け、そのたびにうなずいて感心してもらえれば、たくさん売れる錯覚に陥ります。感心するだけなのか、本当に買うのかを冷静に見極めれば判断できることもあります。そこに気づいたことで、小型装置を開発し、本当に売れるようになりました。

事例④ コンクリート二次製品メーカー（☞174ページ参照）

　他社にはない技術を有しているためホームページによって引き合いは得られます。しかし、せっかくの引き合いも対応が悪く、失していました。オーダーメイド品であるため、欲しいけれどいくらか見当もつかない見込み客を多くとりこぼしていましたが、価格算定の目安を対外的に示すことができるようにした結果、優良な販路が獲得できました。

事例⑤ 鮮魚店（☞186ページ参照）

　決して安くはない地物のカニを販売するために、焼きガニを店頭で販売したところ、

価格相応の価値があるとおいしさを実感してもらうことで、地物のカニの販売が伸びました。高額なカニに安価なカニを加え、部分的にでも試してみることができれば、カニの価値が伝わります。満足できたときにひとはリスクを感じなくなり、大きな出費を決断します。

☞このことからわかること… 「備えるべきことはあらかじめわかる」

　顧客対象や商品が異なっても、備えるべきことは共通します。その理由は、商談は、ひととひとが相対して行うものであるからです。自分が購入する立場に立って考えたり、購入する立場にあるひとに尋ねてみることで、できることはたくさん見つかります。

⑶　備えることの見つけ方

①商品価値を伝えること
　同じ商品であっても購入するひとが異なれば、感じる価値も異なります。消費者と企業では購入する目的も違い、判断する基準も異なります。そのため、見せる相手や説明する対象によって、伝える価値の種類や順序も相手に合わせなければいけません。
　商品には、複数の価値があります。その価値を相手によってまず選別し、より良く伝わるように文章化して定義することが必要です。示す価値は、最初は仮であったとしても、回数を重ねて改善していくことで、より良いものに仕上がっていきます。

②取引価値を伝えること
　同じ商品であったとしても、どこから買うかによって買い手が得られる

価値には違いが生じます。企業が継続取引を前提とする場合、品質の確かさ、供給の安定性、納入の確実性などがありますが、どれも一歩も譲れない条件です。

　取引は総じて低価格が期待されますが、それ以上に優先する判断基準があります。求められる相手の基準を満たすことは当然として、対応可能な根拠や背景もしっかりと説明して、取引に値する企業であることを認めてもらいます。

③取引条件を示すこと

　はっきりと価格が決まっている場合は別として、製作物や建築物など個別に見積もりして価格提示することを原則とする取引があります。その場合、詳しく話を聞き、現場を見なければ見積もることができないこともあります。安易に価格を示して実際は高価になると、買い手が気分を壊したり、場合によってはトラブルに発展することもあります。

　しかし、購入を検討する場合、目安がなければ考えることができません。責任感が強すぎて、無責任な価格提示はできないという考えもあるようです。

⑷　期待効果、メリット

①疑問が減る

　価格をはっきり示すのではなく、計算式を示す方法があります。どのような項目があって、どのような基準に基づいて金額が決まるのかなどを示すことができれば、自分で目安を立てられます。見積もる際に頭の中で計算している方法を、文字や数字に落とすことによって概算額をつかむことができるようになります。それで多くの場合、納得されるはずです。

第3章　販路開拓の原理原則

②時間が早まる

　購入判断する際に、知りたいことや疑問に感じることが早く解消できれば、購入決断に要する時間が早まります。長く時間を要してしまうと、その間に買えない理由が生じてしまうかもしれません。取引条件を事前に示すことは、購入決断が早まるだけでなく、準備のできている企業である、客の立場をよく理解できている担当者であるとの印象を高めます。

3-3 原理原則その3 「警戒心を取り除くこと」

(1)警戒心を持たれる弊害

　商取引には損得がつきものです。一般消費者は、お得感のある買い物もあれば失敗も多く経験しています。誰しも、できることなら失敗は避けたいはずです。この場合の**警戒心とは失敗する確率の査定**と考えれば、わかりやすいかもしれません。警戒とは、あら探しです。失敗する可能性を予測することでもあります。買い手は説明を受けながら、表情や言葉に出さないように売り手を探っています。

　良い印象を与えることには、比較的取り組まれています。自分は正しいと思っていますので、自分が怪しくひとに映ることはあまり考えません。しっかりと話を聞いてもらうためには、まず警戒しなくてもよい相手であると認めてもらう努力が求められます。

①警戒されること

　警戒は、その目的を損する可能性を下げると考えれば、必要な対応策が

83

見えてきます。ひとは初対面において、大きく分けて「購入する商品」「提供する企業」そして「対応するひと」の３点に対して警戒すると考えられます。個別に考えていかなければいけません。

②警戒される理由
　商品を仕入れて再販売するような取引は、特に慎重です。もしも産地偽装などのように間違った商品を仕入れて販売したとすれば、悪意はなくても、取引先には十分かつ多大な迷惑を掛けてしまいます。間違った商品の取引は大きな損失につながります。

③ひとは第三者を信じる
　怪しいと先入観を持たれた場合、これをくつがえすことはとても難しくなります。信用されようと、いかに自分が信頼できる人間であるか、自分で自分を高めるほど逆効果になります。良くも悪くも第三者の客観的な評価は意外に信用されます。

(2)　事例に基づく応用イメージ

　本来は難しい販路開拓がうまく進む理由は、偶然ではなく必要な備えが行われていたからであると感じています。商品説明に力を注ぎがちではありますが、実際には、企業やひとの目指すことや役割を示すことが効果的です。そのことが買い手に理解され、短期間で結果が出ています。

事例①　調味料メーカー　（☞158ページ参照）
　ドレッシングは、あふれるほどたくさんの種類があり、しかも安く売られています。

そのため自社やドレッシングの果たす役割や使命を、「地域の農産品を世に広める」と定め、多くの共感を得ることができました。ドレッシングの味がどうこうというよりも、若いのに立派な心がけと考えたひとが販売に協力してくれて、首都圏に販売網が広がりました。

事例② 縫製品メーカー（☞170ページ参照）

　どんなに優れた商品でも、求めるひともいれば必要と思わないひともいます。興味のない相手に対して説明すればするほど迷惑がかかり不快が生じます。興味があるかどうか、相手の発するキーワードを設定することで興味の有無を見分け、さらに購買意欲がどの段階にあるかをつかみ、商談の流れを標準化して、短時間で効率の良い販売を実現しました。

事例③ 福祉用具販売店（☞176ページ参照）

　バリアフリーの工事を受注するため訪問活動を繰り返していましたが、工事よりも電動ベッドや車椅子が欲しいというリクエストを受けて真摯に対応しました。そうした用具の取扱いには、知識や資格が必要であり猛勉強しました。地域で誰も有していなかったおむつの扱い方の資格を取得したことにより、一気に知名度と信用が高まりました。

事例④ 菓子メーカー（☞178ページ参照）

　手探りで始めた特産品開発ですが、建設業ひと筋であったため要領がつかめません。

> そこで、差し当たり他流試合と考えて、地元特産品のコンクールに出品してみました。グランプリではなかったものの、入賞したことで話題にのぼるようになりました。自分に自信をつけるために出品したのですが、これがのちに役立ち、大きな販路につながりました。

> **事例⑤** カーコーティング店（☞188ページ参照）
>
> どこにでもあり、決して安くないカーコーティングの仕事で起業を考えていました。不慣れなセールスに不安がありましたが、訪問する口実を見出すことができたことから、これまで縁がなかった福祉施設やカーディーラーと取引することができました。1年を絶たずして地域に取引先が広がり、創業時の借入れも1年で完済することができました。

☞このことからわかること…「存在理由が、ひとを安心させる」

　相手が何をしているのか、自分に何をしてくれるのか、それをひとは知りたいのです。単にモノを販売しているのではなく、そこに目指すものがあって、少なくとも相手の害にはならないことを、わかりやすく示すことができれば、警戒心は弱まります。

(3) 警戒心を取り除く方法

①購入する商品

　商品は、必要なモノと必要でないモノに分けられます。似たようなモノであっても、相性があり、例えば品質が高ければよいというのではなく、

過剰品質と言われるように、そのひとにとって満足できるモノをできるだけ安く購入できることが好まれます。

　想定する対象者が求める期待は、購入判断項目とその水準で把握することができます。提示されたモノが期待以上でもなく以下でもない相性の良さを示すことが親切であり、**都合の悪いことを隠したりしない態度が相手の信頼を高める**ことにつながります。

②提供する企業

　「使命」が買い手の心を動かします。取引先にとって、社会にとって、どのような役割を果たすためにがんばっているのかを知ることで、商品そのものよりもそのひとの考えや姿勢に共感することがあります。応援したくなる使命がひとの協力につながります。

　その役割が理解できれば、自分とどのように関係するのかを考えます。自分に都合が良い、いつか世話になるかもしれないと思えば、親近感が高まります。いまは必要ないかもしれないが役に立つかもしれないと考えてもらえる場面を示すことが効果的です。

③対応するひと

　ひとに限れば、目標と努力が大切です。勉強すること、資格を取ることなど、ひとがやらないことをあえて行うことが、努力する姿勢や実績を示すことにもなり、コンテストやコンクールにエントリーすることもその一つと言えます。

　オリンピックなどの競技もそうですが、メダルを目指してひたむきな努力を重ねているからこそ、ひとが共感して応援することと同じことです。

⑷ 期待効果、メリット

①信頼が高まる

　何をすれば信頼が高まるかは、永遠の課題かもしれません。自分が果たしている役割がひとつのヒントになります。商売が成り立つという事実から見れば、誰かの何かに役立っているはずです。それをさらに極めていくことで、もっと自分が誰かの役に立つことがわかれば、それが使命です。

②応援が広がる

　ひたむきな努力が認められ、その取組みに賛同が得られた場合、ひとに紹介される可能性が高まります。おもしろい商品がある、おもしろい企業があるというのも興味が湧きますが、おもしろいひと、すごいひとがいると聞けば、会ってみたいと思うひとも出てきます。売りたいモノが多く売れることだけでなく、販売協力者が増えることが見込まれます。

3-4 原理原則その4 「好印象を持たせること」

⑴　悪印象を持たれる弊害

　ひとは、「好き」か「嫌い」かに分ける習性があります。モノにもひとにもいずれかに分けて、興味のないモノはその「中間」に位置付けます。

　もちろんそこには程度があるため、本当は無限とも言えるほど好き嫌いの段階がありますが、一度、嫌いと判断したモノを好きに変えることは容易ではなく、できる限り最初に良い印象を持ってもらいたいものです。

好印象を持たせるためによく使われるものとして「セールスポイント」があります。ひとことで、商品の特徴や価値を伝えます。耳障りが良くてわかりやすい説明は、商品の持つ印象を高めます。

①商品そのものよりも対応

業種や対象顧客によっては、商品そのものよりもむしろ対応を優先して考えます。顧客が望むことを、声を出して頼まなくても先回りして対応してくれる気が利く心地良さが求められます。多少商品に不満があっても、対応が良ければ反復継続されます。

②競合と比べる

商品が選ばれる理由は、期待に合致することです。すべてが合致しませんので、比較して自分の良さを誇示することは、場合によっては競合する相手を卑下することにもなります。人の劣る部分をことさら強調するのは、あまり感じが良いものではありません。

③こだわればよいというものではない

他にはない、こだわりを誰しも有しています。問題なのは、それをひとがどのように受け止めるかです。賛同できるこだわりもありますが、賛同が難しい自己満足的なこだわりもあり、ひとからどのように受け止められているのかを考えて示すことが必要です。

⑵　事例に基づく応用イメージ

何かひとつ違いがあるだけでも十分に注目されます。そこがいいと誰もが思うこだわりや目指す目標を掲げることで、協力者が現れます。賛同してもらえることが何であるかに気づき、協力者を急速に増やしています。

事例① 飲料メーカー（☞160ページ参照）
　買い手から見た場合、いまの時代に逆行するような取引条件や商品作りをあえて行い、自説を曲げないことでファンを増やしています。鮮度を維持するために仕入ロットを引き上げ最低販売数量を設定することや、消費者と生産者である農家に迷惑を掛けたくないと考えて決めた価格設定など、その考えが良いという取引先にのみ商品を卸しています。

事例② 食品加工メーカー（☞162ページ参照）
　後継者として自分はどのような役割を果たすべきかを真剣に考えた結果、ある結論に達しました。もちろん取引先が求め、期待してもらえる内容です。相場を読むことが難しい海苔の業界において、誰よりも情報を集めて有利な仕入れを実現しています。取引先になくてはならない存在になる取組みを、価格以外も含め整理できた結果、認められました。

事例③ 食品販売メーカー（☞164ページ参照）
　国産品しか扱わないというこだわりを貫いてきたことで、安心感を求めるひとからホームページでの引き合いが増え、いまや全国でやきとりを販売しています。
　やきとりの串打ちは根気のいる仕事ですが、社員をとても大切にして人手不足の中でも安定供給を続けており、お客様が次のお客様を紹介してくれる好循環が続いています。

第3章　販路開拓の原理原則

事例④ コンクリート圧送業（☞180ページ参照）

　お客様から聞かれたことは、興味関心があることと考えてホームページにひとが疑問に思う情報を掲載しました。かなり踏み込んだ専門的な内容であり、調べ事をされるひとに重宝されました。サイトを閲覧するだけでなく、直接電話で質問を受けるようになりましたが、やがて信頼関係に発展し、まず接点を持つことが難しい先から受注できています。

事例⑤ 日帰り温泉（☞190ページ参照）

　先代の要請により畑違いの業界から仕事に就きましたが、わからないことだらけで業績は低迷傾向にありました。むしろ素直にわからないことをお客様に訴え、アイデアをいただくことを始めた結果、思いもよらない改善策が見つかりました。いまは、お金を払ってでも応援したい、手弁当で力になりたいというひとに囲まれて、売上も大きく伸びました。

☞このことからわかること… 「賛同がひとの協力につながる」

　社内で力を合わせることができなければ、社外のひとが協力してくれることはありません。事例に共通することは、「それがいい」と考えてくれるひとが利害を度外視して協力してくれていることです。賛同を得るためには、賛同できることを作らなければいけません。

(3) 好印象を持たれるための方法

①良さを定義すること

　良さがより伝わるためには、良さを小さく分けて深く考えて示すことが必要です。例えば、単においしいと表現するよりも、甘み、色、コク、香り、風味、後味と構成要素に分けて特徴や考えを示すことで良さが伝わった例があります。

　ひとが興味を持つように、読み手の立場に立って試してみたくなるような説明になっているか、第三者の目で確認することが望まれます。小さく分けることで、良さを伝えることができる項目がいくらでも浮かんできます。あとは誰に示すべき内容であるのかを選ぶことが大切です。

②競争相手を挑発しないこと

　自分のことを高めるために、ひとのことを下げて表現する場合があります。それがたとえ事実であったとしても、できるだけ避けるべきです。では、どうやって違いを表現すればよいのか悩ましいところではありますが、表現方法を工夫することができます。

　自分が相手の立場に立ったとき、抗議したい、反論したいと思えるような表現は避けるべきで、これが良し悪しの目安となります。

③ひとを示すこと

　誰に対して相性が良いのかを示すことが、相手の関心を高めます。対象者を決めてしまうことで、客層を狭めてしまうことに恐怖を感じるひとが多いのも事実です。確かにまんべんなく幅広い客層に支持されている商品もありますが、よく見ると属性は広いものの、志向が共通していたりします。

　ひとを特定することは、適したひとの興味や関心を高めますが、適さないひとの失望を防ぐ効果もあります。

92

⑷ 期待効果、メリット

①理解がより深まる

定義することで、良さが伝えられる項目を増やすことができます。その良さを感じる際に、1つよりは2つ、2つよりも3つあるほうが有利に働きます。

良さは商品だけではありません。売り手の考えや対応の工夫など、あらゆる観点から考えておけば、それだけ賛同者を増やすことにもつながります。

②長く続く理由が増える

時間が経過すると、ひとは慣れが生じて飽きてしまいます。しかし、購買は多くの場合、購入場所を選択して行い、相対的に良いと思う場所が選ばれます。その際に、競合他店と比較して、良いところがたくさん認識できているほうが、選択肢から外れる可能性が低くなります。他店を利用しても、また戻ってきてもらえることが期待できます。

3-5 原理原則その5
「相手の疑問をなくすこと」

⑴ 疑問を持たれる弊害

疑問の多くは、買わない理由に近いものです。欲しいが買えない、買わないという購買のブレーキの役割を果たしています。強いブレーキがかかっていると、少々アクセルを踏んでも前に進むことはできません。

ひとの疑問の多くは、質問によって表現されます。質問されればまだよいのですが、質問されることもなくどうせ無理だろうとあきらめたり、そもそも購入対象から外されたりと販売機会を逸することになります。

どうしたら売れるかを考える前に、なぜ売れないかを考えることが大切ですが、売れない理由を必ずしもつかめているとは言えません。

①聞く耳を持つ姿勢

勘の鋭いひとは、あらゆる情報を活かします。特に質問や要望は、改善の宝庫とも言えます。聞かれたことや求められたことのうち、解決が難しいものがあるかもしれませんが、できるかもしれないという姿勢を示すことで、さらに質問や要望は増えます。

②負担と効果

販路開拓に成功したひとは、総じて"リクエストに応える"姿勢を有しています。中には、普通に考えたらとてもできそうにないことをして、難局を乗り越えたひともいます。何もしないことは確かに楽ですが、それではお客様には支持されません。

③表面的な質問と真意

ひとは控えめで謙虚です。また厚かましくもあります。そのため、口に出る言葉と本来考えていることが同一とは限りません。何のために質問しているのか、期待している答えは何かを考えることなく返答してしまうと、聞きたいことと異なってしまいます。

⑵ 事例に基づく応用イメージ

疑問は、応える方法を間違えてしまうと信用を失墜することになりますが、うまく対応できれば、販路開拓の大きな武器になります。うまく対応

第3章　販路開拓の原理原則

できたことで、新規顧客の獲得が進んでいます。

事例①　建築資材メーカー（☞166ページ参照）
　初めは知識を持ちませんでしたが、手掛けるには相応の知識を持たなければと考えて猛勉強しました。いまでは音の専門家として、騒音対策の相談にも応じています。あらゆる質問にプロとして答えなければならないという責任感が学びを後押ししました。知識を持ち頼れる存在になることで知名度と信頼度が高まり、取引先を増やしています。

事例②　福祉用具販売店（☞176ページ参照）
　ひとは、ひとにあてにされて、その願望をかなえると、また次にあてにされます。ひとからの頼まれ事には、できないと確信するまで、できる方法を考えてリクエストに応えてきました。ひとの困りごとを放置できない性分で、販売業でありながら世に役立つ商品を開発しています。できたときには購入者が決まっている理想的な販路開拓を実現しています。

事例③　菓子メーカー（☞178ページ参照）
　第4弾で開発されたスープは、それまでの集大成です。セオリーに基づいて、売れない理由を排除して売れる理由を盛り込んだ、売れるべくして売れるヒット商品になりました。もともと建設業であったため、固定観念が邪魔しなかったようです。過去の質問や断られた際の理由を振り返りながら、ひとの持つ疑問や懸念が最小限となるべく商品開発しました。

事例④ コンクリート圧送業（☞180ページ参照）
　中古ポンプ車は、多くのひとに納品に時間がかかると考えられていました。すぐに使いたいひとの要望に応えられないと思われていたのです。そのため「即稼動」中古コンクリートポンプ車と表記を変えたところ、「すぐに使えますか」という質問がなくなり、問い合わせが急増したのです。質問を活かしたことで、ひとの誤解を払拭することができました。

事例⑤ 日帰り温泉（事例☞190ページ参照）
　「お客様は商品やサービスにいくらかは疑問を感じているはずだ」、そうした観点から意見を募ることから始めました。お客様は風呂好きのひとばかりであり、建設的で現実的な提案を多くいただくことができました。入浴料4回分で1回サービスするチケットを提供するサポーターの会は、ひとの疑問を受け入れる趣旨で始めましたが、とても役立ちました。

☞このことからわかること…「疑問に応える方法がわかる」

　単に興味があって尋ねているだけなのか、切実に願いたいことがあるのか、同じ質問でも意味は分かれます。相手が期待している答えを推測することによって、返す答えも異なります。考えて対応する方法もあれば、疑問を募ることで信頼を高めるなど、疑問に向き合うことでお客様が増えていきます。

(3) 疑問を取り除く方法

①真意に応えること

「駅はどちらですか？」と尋ねられた場合、「あっちです」と方向を指差すこともひとつの答えですが、そこに至る経路、時間などを加えるとさらに親切です。

そのひとが、ただ方向を知りたいだけなのか、そこにたどりつきたいと考えているのかによって説明の方法は異なります。期待を超える説明を受けた場合、「気が利くね」「さすがだね」とそのひとに対する感謝や敬意の念が芽生えます。その反対は「気が利かない」「信頼できない」と感じてしまいます。

②代替案を示すこと

質問や疑問の内容によっては、相手の期待に添えないこともあります。その場合、「できません」「だめです」というのは簡単ですが、そこに一言添えれば、期待を裏切ることはありません。「それはできませんが、こうでしたらできます」などの代替案を示します。

質問する側は、質問する相手と比較して、知識や情報を有しておらず、選べる選択肢が限られています。こうしたいと思われることが実現できれば手段は問われません。

③改善に活かすこと

質問や疑問は、そのひとの関心事です。ひとりの疑問は、また別のひとの疑問であるかもしれません。顧客と接するひとが、実際に生じた質問を共有することは改善につながります。より良い対応方法が、複数で考えることによってわかるかもしれません。

ひとの質問を共有することは、先回りにつながります。関心あることがわかれば、聞かれなくても相手に伝えることができるようになります。

⑷　期待効果、メリット

①客層が広がる

　対応できるのに、先入観から対応してもらえないと思い込み、あきらめている潜在的な見込み客を逃しません。店側が顧客に伝えていることのほんの一部しか顧客に伝わっていないとすれば、多くの見込み客を逃している可能性があります。疑問に応えて改善することは、これまで顕在化してこなかった見込み客を、増やすことにつながります。

②応援が期待できる

　「耳を傾ける姿勢」そのものが効果を発揮します。応援してもらうために、相手に相談を持ちかけることで、自分が役に立つことができると感じたひとに、応援してもらえた例があります。客を外部と考えず、ともに良いサービスを提供する仲間として加わってもらうことができれば、さらなる応援が見込めます。

☞第３章のまとめ

・５つの原理原則は、販路開拓に成功した企業の取組みから導き出したものですが、どの企業から何を学ぶことができたのか、改めて見比べてみました。
・最初出会ったときは漂流状態にあり、バザー状態にあることに気づいていませんでしたが、原理原則に基づいて、足りないことに気づき、何をすればよいのかを考えて実行したことで、大きく道が開けています。
・それぞれの企業に合った取組みを、５つの原理原則の中から見つけてもらえることを期待します。

第3章　販路開拓の原理原則

〔事例企業の一覧〕

| 業種 | 主な取扱商品 | 販路開拓の原理原則 | | | | | 事例掲載ページ |
		1 適性	2 想像	3 警戒心	4 好印象	5 相手の疑問	
製造業編							
1．雑貨品メーカー	シャンプー、せっけん		○				156ページ
2．調味料メーカー	しょうゆ、ドレッシング			○			158ページ
3．飲料メーカー	清涼飲料水				○		160ページ
4．食品加工メーカー	海苔				○		162ページ
5．食品販売メーカー	やきとり				○		164ページ
6．建築資材メーカー	防音パネル		○			○	166ページ
7．加工紙メーカー	ラッピング用品	○					168ページ
8．縫製品メーカー	シートカバー	○		○			170ページ
9．水耕栽培装置メーカー	水耕栽培装置、野菜		○				172ページ
10．コンクリート二次製品メーカー	陳列台等オーダー製品		○				174ページ
建設業編							
11．福祉用具販売店	紙おむつ、福祉関連用品			○		○	176ページ
12．菓子メーカー	スープ、菓子			○		○	178ページ
13．コンクリート圧送業	コンクリートポンプ車				○	○	180ページ
小売・サービス編							
14．文具店	筆記具、ファイル	○					182ページ
15．テニス用品店	テニス用品、靴の中敷き	○					184ページ
16．鮮魚店	カニ、魚介類		○				186ページ
17．カーコーティング店	自動車コーティング			○			188ページ
18．日帰り温泉	入浴、食事				○	○	190ページ
19．コンサルタント	広報支援コンサル	○					192ページ

99

第 **4** 章

販路開拓の進め方

　本章では、販路開拓の進め方を2種類紹介します。1つは、ゴールを「反復継続客を蓄積すること」に置き、そこに至るまでの過程をもとにした進め方です。ザルを洗面器に変えつつ、見込み客を効率良く見つけ、試し買いをしてもらい、定着させる仕組みを作る観点です。もう1つは、ワークシートを用いて販路開拓に欠けていることを見つける観点で進め方を考えます。実際、できているかどうか、ワークシートで試すことができます。

　それでは、販路開拓の仕組みを考えていきましょう。考えがまとまったら、続けて第5章「販路開拓支援フォーマット」に取り組んでください。きっと、これまでとは違った販路開拓の景色が見えてくるはずです。

4-1 反復継続客を作るまでの流れ

　販路開拓への取組みは、顧客への販売までの時間的経過と顧客と自店舗との関係に基づいて、(1)対象者、(2)見込み客、(3)試し客、(4)反復継続客、(5)顧客基盤、(6)入り口と出口、(7)潜在的見込み客の各段階に整理できます（図表4-1）。

　各段階ごとに、取り組む作業や、より効果を高め顧客を増やすための留意点など、手順や手法を通して販路開拓の原理原則の活用方法を説明します。

(1) 対象者

①対象者とは

　対象者とは、**売り手が一方的に想定する販売の対象となる客層**のことです。一方的な想定なので相手の意思はわかりません。願望に近いものと言

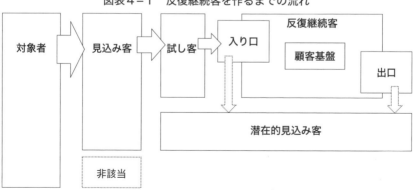

図表4-1　反復継続客を作るまでの流れ

第4章　販路開拓の進め方

えます。

　しかし、対象者を設定することは、別の見方をすれば、対象とはならない客層を決めることにもつながります。この取組みの結果、広く不特定の客層に対応することなく、ある特定の客層に絞った対応ができるようになります。

②取り組む作業

　対象者は、対象者の仮説を立てたうえで、対象者としてふさわしいかどうかの観点から、妥当性を見極めて定義することで決定します。さらに、販売にたずさわるひとが共通認識を持てるようにします。漠然とした表現で、ひとによって異なる受け止め方をすることがないようにしなければなりません。一般的には「**ターゲット**」と表現されます。

ａ.「属性」と「志向」で分ける

　「属性」は目で見てわかる分け方で、「志向」は会話をしたり買い物の傾向を知ることでわかる分け方で、それぞれ異なります。消費者であれば年代、性別などで属性が分けられます。求めるモノが比較的近いからです。

　しかし、旅行商品など嗜好に大きく左右される場合、若いひとから年配のひとまで好まれるため、属性区分は好ましくありません。

　志向は好きなモノや好むモノで分かれますが、見た目で判断できないことから、属性と志向を組み合わせた区分を設ければ、ターゲットがかなり絞り込まれ識別しやすくなります。

ｂ.　アプローチ方法をイメージする

　次に、設定したターゲット区分が正しいかどうかの検証が必要です。例えば、本物志向や健康志向など、そうとも言えるがすべてが当てはまりそうな区分は好ましくありません。

　ターゲットは、設定したひとの存在が確認できることやそのひとにたどりつく方法が思いつくことが理想です。“たどりつく”とは、探し方とも言えます。アプローチできなければ、ターゲットを設定する意味が半減し

103

ます。どこにいて、どうすれば会えるかまでをイメージしてみます。

ｃ．言葉で定義する

例として、「一家言持つ風呂好きな女性」と定義します。日帰り温泉では、このようにターゲットを設定したことで、温泉施設をもっと良くしたいと考えるひとの心をつかみました（190ページ参照）。

おむつの販売も、ターゲットを「正しい知識でおむつを使用したい医療、福祉従事者」と定義したことで、さまざまな相談が持ち込まれるようになりました（176ページ参照）。対象者を定義することで、自己が果たすべき役割や機能が明確化され、ひとに伝えやすくなります。

③対象者を決める必要性

販売対象者を定めることの必要性は広く知られています。ターゲティングは、マーケティングの基本中の基本です。確かに、相手を特定することで販売の効率が高まります。企業支援の現場で感じることは、くじで言うと「アタリを引く」というよりも「ハズレを引かない」という感覚です。これを「適性」と表現していますが、相性が合わない組み合わせには、やはり無理があります。

相性は、

・顧客から見て「買う理由があり」「買わない理由がない」
・商品から見て「売れる理由があり」「売れない理由がない」
と検討項目さえ決めてしまえば、実に簡単な方法で判断できます。

最終的に「**買う理由を持ったひと**」に対して「**売れる理由のある商品を売る**」ことに尽きるのではないかと感じます。

販売対象者を決めることは、適性を評価することと同じです。

販売活動に無駄はないと言われるひとも多いのですが、早く結果を出したいひとには、適性を評価することをお勧めしています。

第４章　販路開拓の進め方

⑵　見込み客

①見込み客とは

　見込み客とは、**見込みの度合いを測った結果、購入可能性が高いと判断された客層**のことです。

　購入可能性とは、購入する意思の程度でもあります。意思は必要性、緊急性、支払い能力などによって左右されます。欲しいという意思があってもお金がないので買えないという事情もありますが、すべてが財力で決まるわけでもなく、経験を通して、欲しい程度を見分ける方法を見つける必要があります。

②取り組む作業

　見込み客は、見込みがあるのかどうか、あったとしてその程度はどうかという観点から考えます。質問や要望など顧客が発する言葉や行動を見ることで、見込みが乏しいひととの違いを見つけ出し、正しく把握できるルールを作ります。見込みの有無や程度に応じて、適切に対応できるようになることが理想的です。

ａ．データベースを作る

　顧客は大きく「既存客」と「見込み客」に分けられます。既存客には「試し客」「反復継続客」のほか、すでに利用が途絶えた客を含める場合などさまざまです。見込み客は、将来の試し客や反復継続客の候補となります（図表４－２）。そのため、誰が見込めるのか、何が見込めるのか、購入はいつかといった記録を残すことで、漏れのないアプローチができるようになります。データベースを作成することで見込み客の「量」と「質」がわかります。

ｂ．見分ける項目を決める

　第３章で紹介したゴルフカートシートカバーの事例（74ページ参照）は、顔が見えない電話によって、販売だけでなく顧客基盤作りまでを短期間で

105

実現した販路開拓の最たる成功事例です。数ある引き合いの中で、早い段階で先方から支払い条件の確認があった場合は、ほぼ売れます。値引き要請や相見積もりをするといった場合は、まず決まりません。相手の発する言葉を記録に残して結果を検証した結果、相関関係があることを見つけ、会話の順序を標準化しました。

c．代替案を想定する

　提案にすぐに応じてもらえない理由は、リスクが残っているためと考えます。リスクがより低くなるように、より低額な商品を紹介するなど、決断を妨げる理由をなくす提案を事前に考えておくべきでしょう。

　本当に購入する意思があれば検討されるはずですが、リスクを下げても決断できない場合は、本来商品の購入はまずできないと考えます。いさぎよくあきらめて次の販売に取り掛かれるように、適当な代替案を複数用意してください。

③見込み客の探し方

　見込み客が簡単に見つかるようであれば苦労はありません。しかし、何も考えずに総当たりすることは、必ずしも効率が良いとも言えません。しかし、何もあてがない場合は、よく見られるアプローチ方法でもあります。

　見込み客を想定する情報源は、

図表4-2　利用状況による顧客の区分

・最近、取引や購入が始まった新規顧客

・以前はあまり購入がなかったが、最近増えた既存顧客

・いままでとは異なる商品を購入してもらった既存顧客

　これらの三種を規定したうえで、

・購入のタイミングと動機

・その用途、使い方、使う場所、使う場面

を考えてみることです。そのうえで、「容易性」「即効性」「継続性」「定期性」「安定性」の観点から優先順位を考えれば、何もないより効率が高まる見込み客リストが作れます（図表4－3）。

　見込み客は、販売活動を標準化することで増えるようになります。見込みがあるのに気がつかない、反対に見込みがないのに過度に労力を使ってしまうところに販売活動の苦しさがあるのです。

⑶　試し客

①試し客とは

　試し客とは、**売り手の提案や推奨に応じて購入した客**のことです。

　ひとは軽い気持ちで衝動買いする場合もあれば、大きな決断をして購入に踏み切る場合もあり、買い物の背景はさまざまです。注文が継続すれば販路になりますが、初回で途絶えれば販売で終わってしまいます。何も考

図表4－3　見込み客リスト作成の着眼点

項目	内容
容易性	ひとの紹介が得られるなど接点の持ちやすさ
即効性	早く注文が得られるか、時間を要するか
継続性	見込みとして一過性か、継続するか
定期性	ほぼ同間隔で規則性があるか、ないか
安定性	ほぼ一定量で顕著な増減はないか

えず、相手の抱く満足に期待するだけでなく、次の利用を促すことで、再利用を目指して販路につなげます。

②取り組む作業

　試していただくために興味や関心のあるひとに対して、どのようにアプローチするべきかを考えます。高額や不慣れなどリスクを強く感じた場合、購入がためらわれます。リスクを避けて購入できない理由を取り除くことで購入決断を促します。売りたいモノを売ることよりも、まず試していただくことで糸口をつかむことを優先します。

ａ．改めて感謝する

　ひとは本来、購入に際して心のどこかに感謝されたい気持ちを抱いているように見えます。相手の勧めに応じたのだから、高い買い物をしてあげたのだから、もっと感謝すべきと感じ、感謝されることの期待が満たされない場合、もの足りなさを感じてしまいます。

　多くのひとは感謝に心地良い感情を持ちますので、何がありがたいかを特定して感謝の気持ちを伝えるべきです。

ｂ．販売に責任を持つ

　顧客に対してうまく対応できていないとき、ひとに「殿様商売」と酷評される場合があります。殿様とは、いばっていて何もしてくれないありさまを表現しているように感じます。確かに、高額な買い物をしたにもかかわらず、何も連絡がなくなしのつぶてであったなら、多くのひとは不満を持つでしょう。

　販売した商品を長く使い続けられるようにアドバイスすることなど、販売後しばらく時間が経過しても商品の心配をされていることに、ひとは安心感を持つものです。

ｃ．好むことを提案する

　ある志向を有していれば、好む商品は購入商品だけでなく他にもあります。これを関連商品と呼び、そのひとにとって不快なノイズではありませ

ん。有益なアドバイスとして情報を提供し、喜ばれながら販売につなげます。

テニス用品で言えば、安さよりも自分に合ったモノが好まれます。高価なラケットを求めるひとは、シューズやウェアも安物を好みません。あれもこれもと案内するのではなく、選んで案内すれば信頼度が高まります。

③感謝を特定すること

ひとは、感謝されることに心地良さを感じます。ボランティアに励むひとが多いのも、その表れではないでしょうか。モノを購入してお金を支払えば、まず「ありがとうございました」と御礼を言われます。しかし、どこでも言われることから、優越感を満たすことにはつながりません。

そこで、「ありがとうございました」に加えて、

・社長のおかげで目標が達成できました

・この地域で初めて販売できました

・こんな高額なモノは初めて販売しました

など、同じ「ありがとう」でも、一言添えると効果的でしょう。

再購入するかどうかは心が決めます。たとえ商品が期待に添えなくても、また利用しようと思えるように、ありきたりな「ありがとう」ではなく、ひとの心地良さにつながる一言がとても大切です。

⑷　反復継続客

①反復継続客とは

反復継続客とは、**複数回にわたり購入を継続する客**のことです。当店のみ利用されるか、利用店が複数あったとしても、もっとも多く利用いただけている客も含めて考えます。他店を利用されることもなく、次の利用も見込める固定客であり、「**リピーター**」とも呼ばれます。

反復継続客がより増えることは、販売コストを掛けることなく販売が伸

びるとともに、気に入ってくれたお客様による紹介などによって、新たな試し客を増やすことにもつながります。反復継続客が多く増えるほど、販路開拓に成功したと考えてもよいでしょう。

②取り組む作業

継続利用客を大別すると、偶然続いている場合と理由や要因があって継続している場合とに分かれます。偶然続いている場合は、飽きが生じたり、競合他店から攻勢を受けると利用が途絶える可能性があります。

継続反復客を蓄積することで販路を築くことになるため、継続見込みを評価したうえで、必要な対策を講じる必要があります。

ａ．「質」を定義する

「質」とは、今後の販売貢献度を表す「期待値」と、関係の対等性を示す「関係性」で表現できます。それぞれを上、中、下と３段階で区分し、２次元で組み合わせれば９つの象限が得られます（図表４−４）。期待値、関係性がいずれも上に位置する顧客が、もっとも大切に扱われるべき存在です。

この区分は一つの例ですが、重要度が高いと思える基準を決めることで質が定義されることにより、数だけでない質を把握することができます。

図表４−４　顧客の期待値と関係性

期待値 ＼ 関係性	強い	普通	弱い
高い			
普通			
低い			

第４章　販路開拓の進め方

ｂ．質と量をつかむ

　９つの象限に、何人の顧客が属するか、それは誰なのかがわかれば、かなり対応すべきことがわかってきます。経験上、上位に属する顧客が期待値、関係性ともに少なく、データベースに基づいて質の検証をされた経営者の多くは、かなり危機感を抱きます。それと同時に取り組むべきこともわかってきて、優先順位の高い取組みが見つかります。その結果、短時間で販売機会をとらえて、販売を伸ばすケースが多く見られます。

ｃ．手段と頻度を決める

　営業活動には制約があります。限られた人数や時間である場合が多く、投じることができる費用にも限界があります。ところが、顧客への対応方法には種別があり、訪問して面談するほか、電話や案内を送付するなど複数の手段があります。最も時間と労力のかかる面談は誰とすべきかを考えて行うべきですが、見込み客のデータベースを持たない場合、判断することができません。より効果が期待できる対応基準が求められます。

②売上の安定につながること

　大切なお客様に優劣をつけることは何事かと叱られるかもしれません。筆者も自分自身でランク分けをしてみることは、あまり気持ちの良い作業ではありません。何となく気が引けるのが顧客管理です。しかし、できることに限りがある以上、区別を付けなければ適切に対応できないことも事実です。

　期待値の高い客は、未来の安定を担保してくれます。経営の維持や販売に貢献してくれます。過去にどれほど貢献してくれていても、未来が大事です。

　関係性の高い客は、安心感やヒントを与えてくれます。事業の発展を喜んでくれ、励まされます。関係性の高い客と接することで精神が安定し、モチベーションが高まります。

　「良い」と考える顧客に恵まれることは、とても安心を感じます。販売

111

には苦労がつきもので、心が折れることが多いのですが、うまくいったときの喜びはひとしおです。良い方向に向かうためには、顧客の現状把握がとても役立ちます。

⑸　顧客基盤

①顧客基盤とは

　顧客基盤とは、**反復継続客のうち特に継続確率が高いと見込める固定客**のことです。継続利用して売上に貢献するだけでなく、新たな見込み客を紹介したり、店の運営に関して評価、意見するなど販売を応援していただける、ありがたいお客様のことです。利害が対立しがちな店舗と顧客との関係を超えて、ともに良くなる方向に向かって助け合う段階まで発展する例もあります。

　繁盛店の多くは、この顧客基盤を擁しています。**販路開拓の取組みのゴールは顧客基盤を確立すること**と言えるかもしれません。

②取り組む作業

　顧客基盤は、反復継続客の中から培われるものです。繁盛店で言えば、"お得意さん"や"おなじみさん"です。当然に相手を識別、把握していなければいけませんが、継続利用に緊張感なく甘えてはいけませんし、期待される役割は当然に果たされるべきです。販売の協力をいただけるために、何が必要かを考えて行動に移します。

ａ．評価を問う、報告する

　ひとはひとに頼られると心地良く感じることがあります。頼られるのは信頼され見識を持っていると感じられているからこそであり、ときに優越感につながります。もちろん、意見を聞いて改善に活かすことが評価を問う目的ではありますが、問うことそのものが関係を維持することにもつながります。

112

また、いただいた評価や意見に対して報告を怠ってはいけません。また次も役に立ってあげようという気持ちが高まり、協力につながる効果もあります。

b．リクエストを受ける

評価に似ていますが、無理と思えることに対応します。相手から要望されなければできないことかもしれませんが、「頼りにできる」と感じてもらうことができていれば、ときには生じるはずです。

リクエストに応えることで、誰も気がつかなかった新商品が開発できて特許まで取得できた事例もあります。

「リクエストが少ないことは期待されていない証拠かもしれない」と考えて、いつでも相談に乗るという姿勢を示すことが相談増につながります。

c．お願いごとを依頼する

かなり難易度の高い取組みです。「お願い」はこちらの都合を聞いてもらうことです。よほどの信頼関係がなければ相手を怒らせてしまう可能性もあります。

お願いごとには２種類あって、負担がかかることは同じでも、嫌がられる場合と喜んで引き受けてもらえる場合があります。お願いする相手に十分なメリットがあれば、引き受けてもらえる可能性があります。事前によく考えると意外に見つかるものです。

③良い関係を維持するために役立つこと

筆者が至った結論は「報告」することです。日本人が古くから行っていることとして、年賀状による近況報告があります。もう何年も会っていないにもかかわらず忘れることがありません。ひととのご縁は何もしなければ驚くほど早く切れてしまいます。

報告する事項として、「目指していることの達成状況」「参考になると思われる情報の提供」「共通の話題に関する近況」のうち、ほめてもらえる

113

ことや、共に喜び合えると思えることを選びます。

　報告する際に注意していることは、

・返答を求めない、一方通行であること

・不快に感じられることがないこと

・可能な限り、一定の間隔であること

などです。しばらく疎遠なひとからの頻繁な連絡は構えてしまいます。

　こうすることで、忘れたころに「リクエスト」を頂戴することがあります。リクエストとは、期待されている証拠です。誠心誠意応えることで、さらに信用を高めることにつながります。何もしないと、その機会は限られたものになるかもしれません。

⑹　入り口と出口

①入り口は顧客を登録すること、出口は除外すること

　「入り口」とは、**反復継続して利用してもらえる可能性の高い顧客を**データベースに登録すること、「出口」とは、**要件を満たさなくなった顧客をデータベースから除外する**ことを意味します。

　すべての顧客に反復継続して利用してもらえればよいのですが、そうもいきません。数回の利用で途絶えたり、長く利用してもらえても途絶えることがあります。

　利用が途絶えた顧客に対してアプローチを続けることは、良い場合と悪い場合があります。時には不快を与えることもありますので、いずれかの時点でアプローチを控えることも必要です。

　そのため、継続アプローチを開始する時点を入り口ととらえ、終了する時点を出口と考えて、必要な手順を定めておく必要があります。

②取り組む作業

　利用が途絶える理由として、まったく商品の必要がなくなった場合と、

第4章　販路開拓の進め方

継続利用しながらも他店で購入されている場合があります。縁を絶やさないことで、他店に満足されなくなった場合、また回帰されることもあります。実際には、離れていったのではなく、他店を試してみたと考えて、一定期間、関係をつなぎます。しかし、いずれかの時点でアプローチを打ち切ります。

a．利用サイクルの把握

　モノによりますが、消耗品の場合、同間隔で購入されるサイクルが見られます。買上げ時点には次の購入が予測できる場合があり、使用する頻度と使用量などから割り出すことができます。

　また、母の日のお花やクリスマスのケーキなど習慣化しているものの場合、次を予測することで利用はわかりますが、利用されない事実も判明します。その場合、利用が途絶えた理由がわからないにしても、敗者復活をねらい、手をこまねいていてはいけません。この利用サイクルの把握を含め、次に提案すべき対象として顧客を特定することを入り口と考えます。

b．休眠阻止

　予測されるタイミングで利用がないことがわかった場合、理由がわかればよいのですが、離れてしまった以上確かめることができません。そこで、強く次の利用がいただけるように働きかけをします。

　よく行われているのは、クーポンなどの割引ですが、強く利用したくなるような内容でなければ効果は期待できません。日頃の案内をハガキで行っている場合、手段を変えて電話してみることもインパクトがあるひとつの方法です。

c．スクラップ

　スクラップとは、データベースから記録をはずし、案内することをやめる手続きです。縁が一定期間途絶えた場合、より気に入った購入先を利用している可能性があります。何も考えずに案内することは、その間に割り込むかたちとなり、ひとによっては不快に感じます。

　選ばれなくなったわけですので、未練がましいと思われることなく、い

115

さぎよく身を引くことも大切です。不快を与えることなく、経費節減にも
つながります。この過程を経てアプローチを終了することを「出口」と考
えます。

③データベースの効用
　一過性の販売ではなく、反復継続する販路を開拓するためには、データ
ベースによる顧客管理が不可欠です。多くの場合、住所録は作成されてい
ますが、未来の販売機会を得るためや関係を維持する目的に即しているリ
ストは、あまり見かけません。
　データベースの作成が難しいのは、
・数が膨大で入力に時間がかかる
・入力しても活用する方法が決まっていない
・入力しても意味のないデータが混じる
・古くなったとき役に立たない
などが、試してはみるが長く続けることができない理由とされています。
　そこで、ルールを設けてみました。
・入力するかどうか基準を設ける
・すべてを入力することはあきらめる
・入力や活用にルールを設ける
これらによって、活用できて効果を体感できるデータベースが作れるよう
になるはずです。
　販路開拓は、資本力のない小規模な中小企業では、必ず取り組むべきで
す。**販売することの苦しさから解放され、楽しさに転換できる切り札**とし
てお勧めします。

⑺ 潜在的見込み客

①潜在的見込み客とは

潜在的見込み客とは、**他の対象者よりも利用が確率的に高いと見込める客**のことです。

潜在的な見込み客を想定した場合、以下の3種が特定できます。

a．機会はあったが試用には至らなかった

b．一度試されたが継続されなかった

c．しばらく利用してもらったが途絶えた

これらの共通点は、対象となりながらも現に利用につながってはいないことです。しかし、自社のことをまったく認知されていない対象よりも、相対的に利用してもらえる可能性は高いと思われます。

②取り組む作業

a．機会はあったが試用には至らなかった

試用に至るようにアプローチしたがうまくいかず、試用に至らなかったケースです。この場合、想定できることは試用の「モノ」「とき」「方法」を変えてみることです。過去に失敗した場合、「モノ」が合っていなかったのかもしれません。「とき」あるいは「方法」かもしれませんが、いずれも何かが悪かった可能性があります。まったく同じアプローチをしたとしても、相手の気分によって今度はうまくいくかもしれません。あきらめずにアプローチの仕方を変えて継続します。

b．一度試されたが継続されなかった

ケースによっては、継続されなかった理由がわかる場合があります。その場合は、理由を特定してできる改善に取り組むべきでしょう。

わからない場合は「モノ」「とき」「方法」を変えてみます。一度、試されたことがあるということは、自社の商品に関心があったからであり、少なくとも複数の中から選ばれて試されたということなので、今度は続けて

もらうことができるかもしれません。

c．しばらく利用してもらったが途絶えた

　途絶える理由は複数あります。「そもそも必要としなくなった」「必要ではあるが他社から購入している」などがあります。問題なのは、自社の商品や対応に不備があった場合です。途絶えた原因がわかれば改善につながります。ただ途絶えたことを放置しておくのみでは、次の販売につながりません。嫌悪感を持たれている場合は、接点を持つことが難しいかもしれませんが、原因を確かめることで信用を回復することができる可能性があります。

③どこまでカバーすべきか

　対象となりながらも、現に利用されていないひとは、さらに「何か理由があって利用しなった」か「さしたる理由はないが、きっかけがない」かの2種類に分けることができます。

　理由がある場合は、さらに細かく分けることができるかもしれませんが、その点にスポットを当てるのではなく、「きっかけがない」ことに着眼すべきでしょう。

　まったく接点がない場合とは異なり、一度は試用ないし利用したことがあるわけです。一から商品や自社のことを説明する必要はありません。一定の期間を見計らってご案内することで、利用してもらえる可能性は高くなります。

　反面、何か理由がある場合が問題です。残念ながら、接点がないため、何が理由であるかはわかりません。しかし、わからないから放置するというのではなく推測することが大切です。偶然、回帰して再利用してもらえた客に尋ねてみるという方法もあります。

　どこまでカバーすべきかは、ひとそれぞれの考えによりますが、できる範囲で取り組めばよいのではないかと思われます。

第4章　販路開拓の進め方

4-2

経営者・管理者の役割

(1)　戦略と戦術

　企業経営を考えるうえで中長期展望は必須です。経営環境を取り巻く変化を予測して、これからの取組みの方向性を考えることはとても重要なことであり、以前から公的支援機関や金融機関等によって企業に対する経営戦略の立案や事業計画策定の支援が進められています。

　反面、戦略がいかに立派でも、うまく進めることができていないケースが散見されます。その理由は、戦略が正しくても具体的な実務とも言うべき戦術でつまずいているからです。

　例えば、商品の持つ価値を効果的に伝えるためのパンフレットが必要と考えたとしても、それをどのようにして作成するのか、具体的な方法までは教えてもらえません。さらに外部の業者に協力を期待して費用を支払えば作成できるというものではありません。

　販売資料の原稿は、あくまでも依頼する側が作成する必要がありますが、原稿がうまく作れないことが多いのです。外部はあくまでも外部ですので、自分が伝えたいことを相手が深く理解することは困難です。

　戦術がうまく進まない原因は、「定義」と「可視化」の問題とも言えます。商品やサービスを「定義」できないため文章にすることができません。これらはパンフレットだけでなく事業計画も含めて同様です。単に「不慣れだから」「面倒だから」と投げ出してしまうと、良い戦略であっても遂行することができません。

　また、取組みの標準化も必要です。「見込み客を発掘するために」「顧客に試してもらうために」「一度関係した顧客に長く反復して継続利用いた

119

だくために」と、取組みにルールを設けることが必要です。

　試してみて良いことは続けて良くないことは改める、この作業を黙々と継続すれば、いつか正しいことが見えてきます。まず、どこかの段階でスタートを切らなければ改善することもできません。改善を繰り返すことで、より多く足りないものが見えてきます。

　大きな会社は最初から大きかったわけではなく、こうした不断の努力を積み重ねてきたからこそ、顧客や取引先が増えて、結果的に企業が大きくなったとも言えるのです。

　戦略と戦術は、事業展開に必要な両輪と考えて、販路開拓の取組みを管理できる体制を構築すべきです。

⑵　取組みのポイント

　戦略を遂行するためのルール作りに取り組みます。効率的かつ効果的に販売するための手段や手順を決めることです。その際に必要な考え方を次のとおり紹介します。

①欠けていることを見つけること

　最低限、商品やサービスの持つ価値がうまく相手に伝えられなければいけません。うまくいかない原因は２つあり、相手がはっきりしていないことや、その相手が価値を感じてくれる要素を文章にできないことが挙げられます。

　ひとに対する説明のミスマッチのみならず、価値を伝える方法や取引条件など、顧客が増えてから考えるのではなく、増えることを見越して備えておくべきことが多々あります。まず、それが何であるかがわからなければ足踏み状態が続いてしまいます。

②備えるべきことがわかること

　欠けていることが多々あることがわかれば、それに備えていく必要があります。ともすれば備えることは途方もなくたくさんありすぎて、どこから手をつけてよいかの見当もつかず、そのうち諦めてしまいがちです。

　しかし、必要なことすべてを備える必要はなく、順序というものがあります。徐々に備えていっている間に、他のものも揃うイメージでしょうか。ひとの力を頼ることも有効です。無料の公的支援を活用しましょう。

③優先順位を決めること

　やるべきことはたくさん想定できますが、まず何から始めるべきかを決めなければスタートできません。

　まず、「難易度」「費用」「時間」「期待効果」などの観点から優先順位を考えます。第3章の事例で紹介した企業も、最初からすべてができていたわけではありません。しかし、一定程度揃ってきた段階で、顧客は増え始めています。優先順位に正解はありませんが、何も考えずに取り組むよりは、良い結果がもたらされるものと思われます。

④定義して可視化すること

　相談でよくお聞きするのが、「文章にすることが難しい」という意見です。定義は誰が見ても同じ理解ができるように、言葉で説明できる必要があります。世の中で売れているモノを見ると、文章にすることが絶対条件とは言えませんが、あるに越したことはありません。自分だけがわかっている商品や企業の価値をひとに伝えたいと思うのであれば、小さく分けて深く考える、定義に取り組むべきです。

⑤相談相手を持つこと

　初めて取り組むことは、経験がないがために試行錯誤が続きます。うまく行くこともあれば行かないときもありますが、できるだけやっても結果

が表れにくいことは避けたほうがよいでしょう。そのためにできることは、ひとに意見を聞いてみることです。とくに経験者の意見は貴重です。知りたいことに関して、失敗経験を含めた評価やアドバイスが得られる相談相手を、より多く持つことが大切です。

☞第4章のまとめ

・販路開拓の進め方には、厳格に順序があるわけではありません。必要を感じるところから、部分的に取り組まれるとよいでしょう。

・この進め方は、筆者が企業から学んだことに基づいて仮説を立て、その仮説に基づいて取り組まれた企業が、販路開拓に成功されたことで確信するに至った不文律と思える考え方を、約10年かけてまとめたものです。

・この原理原則や進め方は、まだ完成しているわけではありません。万能ではないため、対応できない業種などもあります。そこを乗り越えてすべてに対応できる方向ではなく、タイプ別にまとめるのが、次の課題と考えています。

・しっかりと自社に適したイメージをつかむことができたら、それを整理するために、次の販路開拓支援フォーマットを活用してください。すべて埋めることができたら、頭の中がかなりすっきりと整理されるはずです。

第 5 章

販路開拓支援フォーマット

　本章で紹介する４つのシート——適性評価シート、アプローチシート、商談イメージシート、商談モデルシートは、販路開拓を効率的かつ効果的に進めていくにあたり、最低限決めておくべき事項を整理するためのフォーマットです。既存の取引先や顧客を管理する前の段階で備えるべき事柄を整理して、新規顧客を獲得することを目的としています。それぞれのシートの内容について、詳しく紹介します。

本章では、販路開拓支援フォーマットとして４つのシート——適性評価シート、アプローチシート、商談イメージシート、商談モデルシートを紹介します（図表５−１）。

　販路開拓支援フォーマットの目的は、これまで利用実績のない新規顧客の獲得にあります。それぞれのシートを作成することで、「わからないことがわかる」「わかっていることが定義できる」「矛盾や足りないことが見つかる」「ひとに見せて意見がもらえる」「納得して販路開拓に取り組める」といった効果が期待できます。

　販路開拓についてぼんやりと考えるよりも、頭の中が少し整理できます。そして、実際に取り組むことで、“漂流状態”から脱することができるかもしれません。「どこから手をつけてよいかがわからない」といったときに不明な点を明らかにでき、販路開拓の取組みに必ず役立つことでしょう。

図表５−１　販路開拓支援フォーマット

適性評価 シート	➡	アプローチ シート	➡	商談イメージ シート	➡	商談モデル シート

5−1
適性評価シート

▶▶▶▶▶ 原理原則その１「適性を決めること」

⑴　作成する目的

①販路のイメージをつかむ

　まず、おおまかな登場人物を想定します。商談相手と影響を及ぼす対象

第5章 販路開拓支援フォーマット

を「志向」と「属性」で特定することで、販路のイメージをつかみます。想定する商品を何とするか、無理はないかなどを検討します。

②相手に伝えるべき価値を決める

自社の価値は、伝える相手によって異なります。価値を「商品開発力」「顧客対応力」「支持される要因」「誇れる実績」の4種類に分けて、相手の警戒心を取り除き、好印象を抱いてもらえる項目を選びます。

③糸口を作る理由を固める

商品が、商談相手にとってなぜ必要であるのかを理由付けます。商品の歴史によって誕生した経緯を整理するとともに、比較によって特徴を明確にし、相手のメリットつまり買う理由を特定します。

適性評価とはこれらの取組みの仮説を立てることです。「**誰に向かって**」「**何を販売するのか**」また「**それはなぜか**」ということに答えを出すことです。異なることから検証して「矛盾はないか」「無理はないか」を確かめて、自信を持って進めることができる方向付けを行うことを目的とします。

⑵ 「適性評価シート」で期待できる効果

これまでの支援経験から、以下の効果が確認できました。**販路開拓がうまく進まない要因のほとんどは、販売対象となる相手が決まっていないことにあります。**相手もなければ、商品も定まっていない状態にあるうちは、初歩的な取組みすら決まらないことが多いものです。

①漂流状態から脱出できる

販売する対象者が決まると備えることもわかってきます。対象者は、見た目で違いがわかる属性ではなく、求めることに基づく志向で分かれるこ

125

とが多いのですが、そのことに気づくことができれば、かなり向かう方向がイメージできるようになります。

「売れれば誰でもいい」「何でもいい」という安易な考えでは、誰にも必要とされないばかりか、商品や自社の存在すら知られることもなく、打つ手も思い浮かばないという状態にとどまってしまいます。販売が不振の企業によく見られる傾向です。

②自社や取扱商品に自信が持てる

良さを的確に伝えることができれば、相手の興味・関心が高まり、印象も良くなります。自信を持って説明する態度に、聞くひとは安心感を覚えます。誰よりも詳しいという自負を持って説明することができ、しかも相手によって言葉を選んで説明できれば、説得力も高まります。

わかっているようでわかっていないのが良さです。書き出してみるとわかるのですが、良さが思い浮かばず、思いついても文章で表現することができないケースをたくさん目にしてきました。「当たり前すぎて考えたこともない」というひとが多いというのが現実かもしれません。

③異論が集約される

「適性評価シート」に書き出してみることで、多様な意見があることがわかります。良いと思っていることが社内で分かれることも頻繁であり、意見を交わして統一見解を持つことができれば、それがかなり正解に近いものと言えます。

言葉ではうまく説明できます。むしろ説明できないひとはいません。しかし、多くが聞くひとの立場を考慮していなかったり聞くたびに説明が異なったりすると、よく意味がわからないばかりか、信頼そのものが低下してしまいます。ひとりよがりの説明は、自分本位な姿勢に見えてしまいます。

第5章　販路開拓支援フォーマット

図表5-2　適性評価シート（記入例）

適性評価 シート

■販路形成イメージ

商談対象者

			妥当性	
選定	志向	新たな商材を開発し、従来にない提案で既存客を掘り起こしたい		音に関する相談を受けることはあっても、既存商品は高額であり、低廉な当社商品は、期待に応えられる
	属性	工務店、建材卸等建築関連会社		
非選定		楽器演奏などのスタジオや一般的な戸建て住宅、マンションなど	理由	個別でなく、まず商社等拠点開発を優先するため

対象者に影響を及ぼす対象

			妥当性	
	志向	近隣に迷惑をかけていることを自覚し、または迷惑を回避したい		ひとにかかる迷惑をできるだけ少なくするために費用を惜しまない考えを持つひとが増え提案材料となりうる
	属性	迷惑な音源を有する住宅の施主		
	影響	対策をとりたいが、高額すぎてできない現状	理由	対応しているメーカーが極一部に限られているため

選定商品

選定	品名	遮音・防音・吸音壁材 ○×△□
	理由	一定水準をクリアできる性能を有しながら従来競合品よりも30%低価格であり競争力を持つため
非選定		当社は、壁材の原版を加工して納入しており、比較対象となる製品は有していないため

■自社分析

	商品開発力	顧客対応力	支持される要因	誇れる実績
①	国の補助を得て十分な性能を有する製品を製造できる技術力	短納期で納品できるよう、一定の在庫量と協力物流網	一定水準をクリアする品質の壁材が低価格で提供できること	騒音問題を抱えながらも解決手段が見出せなかった電気メーカーP社
②	実証実験を重ね、様々な疑問に答えられるエビデンスを持つ	製品説明だけでなく音源に基づく対策を提案できる専門的知識	疑問や要望に即答えられる社内体制と社長が専門的知識	（権威ある）銀行女性ビジネスプランコンペティションのファイナリスト受賞

■商品理解

開発経緯、理由

いつ	平成○年ごろ音楽関係者から楽器メーカー同等品を安くできないかと打診される
誰が	住宅分野に代わる新たな商材の開発を必要としていた社長が音の将来性を感じて
なぜ	専門的知識を必要とし、社会的需要も顕在化していなかったため商機を感じた
どのように	○○氏、○○氏の助言や専用の試験設備を持つ○○研究施設などからの支援

■商品分析

		相違点	支持される理由／売れる根拠
従来	①	試験的な試作品は、一定の効果はあるものの使用に耐えられない水準	一般生活で求められる騒音問題を、極めてリーズナブルに解決することができる
	②	効果に十分な満足できないわりに商品化した場合、割高感を感じてきた	効果が増えて量産効果が高まれば、取扱店はより多くの利益を享受できる
他社	①	十分に期待できる性能を持つものは、効果に満足できるが高価すぎる	低額で施工提案できることから、既存取引先に提案しやすく早期実績が得られる
	②	施工に特別な技術を要することが多く、一般の施工会社では対応不能	従来の住宅断熱材などと同等の技術で施工でき、特殊な技術が必要とされない

☞再掲209ページ

（3）　項目説明

①販路形成イメージ

　新たな販路を構築するために、誰を相手に何を売るのかの仮説を立てます。登場人物と販売商品を想定することで、必要な取組みが見えてきます。**販路をイメージすることが販路開拓の取組みの第一歩**となります。

a．商談対象者

　誰を相手に商談するのかを定義します。「どのような考えを持っているのか」「どのようなひとなのか」が思い浮かぶイメージです。他のひとと異なり、識別できる選ばれたひとであることがわかるように表現します。

b．対象者に影響を及ぼす対象

　商談対象者の意思決定に影響を及ぼすひとを定義します。同じくどのような考えを持っていて、どのようなひとであるかを想像します。複数のひ

127

とが想定できますが、強く影響するであろうと思えるひとをひとり選びます。

c．選定商品

糸口を作ることができると思われる商品を特定します。リスクが低く、試してもらえる可能性を考慮して選びます。商品単品だけでなく、シリーズやグループといった単品の組み合わせで設定することもできます。

d．志向と属性

志向とは好むもの、好きなことの観点で設定します。購入する際の優先事項や判断基準のことです。属性は見た目でわかる違いです。志向と属性を組み合わることで、対象者をより鮮明にします。

e．妥当性

販売対象者が他の候補者よりもふさわしいと思える理由や根拠を示します。同じく影響を及ぼす対象者も無理がないか、判断した理由を示します。判断したからには何か理由があるはずで、理由を示すことで迷いがなくなり、関係者に同意されます。

f．非選定

対象者として選ばなかった次点候補を示します。対象者を選ぶ場合、複数の候補が想定されます。候補としては想定されたが、結果的に選ばなかった対象者を示すことで、異論があるひとの納得を得ます。

g．理由

非選定者を選ばなかった理由です。候補にはなったが最終決定した対象者のほうがよりふさわしいと思える理由や根拠を示します。異論があるひとも理由を知れば同意することになり、確信が持てるようになります。

h．影響

商談対象者に対してどのように影響するかを考えます。ここでの影響とは、反対意見と考えます。購入意思決定に際してどのような否定的な意見が出されるかを想定し、対策の題材を得ます。

第 5 章　販路開拓支援フォーマット

i．品名

商品名を記載します。商品名は実際の商品名称だけでなく、誰が見ても
わかるように、商品の用途や機能などの説明を短文で示して表現します。
自分にはよく理解できている商品を他人本位で説明します。

j．理由

糸口を作る商品としてふさわしいと考えた理由を説明します。複数の候
補の中から、商談対象を考慮したうえで、選んだ理由や根拠を示します。
より試しやすいと考えた理由を表現します。

k．非選定

選定した商品と並ぶ商品を選ばなかった理由です。商品を比較・検討す
るうえで、複数候補の中から選びます。次点候補として選ばなかった商品
と選ばなかった理由を示すことで、選んだ商品の妥当性を高めます。

②自社分析

自社の良さを商談対象者に理解してもらうためには、まず、自分自身が
自社の良さを理解できていなければなりません。良さは何でもよいのでは
なく、示す相手によって異なります。販路形成イメージで設定した相手に
価値を感じてもらえる良さを特定します。

a．商品開発力

良い商品は良い企業からのみ提供されると考えます。優れた商品を開発
したり調達することができる理由や背景を示します。自社の努力や工夫、
他社にはない有利な点などが、相手の印象を高めます。

b．顧客対応力

良い取引は良い取引先とのみ行えると考えます。優良な商品を、いかに
都合良く、高い利便性で供給できるのかの理由や背景を示します。リスク
なく安心して取引できる取引先として認識してもらえることを目指します。

c．支持される要因

第三者から客観的に評価されていると認識している良さを示します。継

129

続利用されるには相応の理由があります。商談対象者と似たような立場にある既存の取引先から喜ばれていることとも言え、リスクを低下させる効果が期待されます。

d．誇れる実績

自己が認識している良さで過去の事実です。ありきたりではない、他社ができないことや通常では困難なことなど、商談相手の想像を超えて賛意を得ることができそうな客観的な事実を示します。

③商品理解

商談を成立させるためには、商品の購入決断をしてもらわなければなりません。提案する商品がそもそもどのようなものかを理解し、自分にとって必要なものであるかを容易に判断できる説明が求められます。良さが効果的に伝えられるよう、深く商品を理解します。

a．いつ

商品はストーリーで説明すると理解されます。商品の開発や取扱いには、必要とされた背景があります。そのタイミングを示すことで、必要とされた背景が伝わります。単純に年月日を求めているのではありません。出来事など賛同の対象となり得るエピソードが望ましいでしょう。

b．誰が

単に誰がという人物を特定するのではなく、開発や導入を意思決定したひとの立場や状況を説明します。そもそも存在しなかった商品をなぜ手掛けることになったのか、その理由がつかめることが理想的です。

c．なぜ

「いつ」「誰が」と合わせて、最終的に手掛けることに至った理由をわかりやすく示します。手掛けるには選択肢もあったはずですが、最終決断した理由があるはずです。製造する場合は、開発・製造に至った理由、仕入れて販売する場合は仕入れる判断をした理由やさかのぼってメーカーが製造判断した理由でもよいと思います。何の理由もなく手掛けることはあり

ませんので、わからない場合でも推測して記載することが望まれます。

d．どのように

開発に至った経緯を示します。そこに苦労があった場合は苦労話を、運が良かった場合は幸運話など、ひとが意外性を感じる出来事や努力を示します。聞き手が自分に関係すると感じてもらえる内容が効果的です。

④商品分析

商品がより相手にとって必要なもので、類似商品よりも有利であると感じてもらえる客観的な事実を整理します。相違点を比較・検討することは、これまでも多く行われてきましたが、それが相手にとってどのように役立つかというところまでは整理しきれていません。その理由は、相手が特定できていないためと推測されます。

a．相違点

客観的事実としてどこが違うか、何が違うかという性能や仕様の違いを示します。たくさんの項目を羅列するのではなく、商談相手を踏まえて少数に限定します。違いを浮き彫りすることは判断する際の迷いをなくし、意思決定しやすくなることにつながります。

b．支持される理由／売れる根拠

類似商品との違いがわかったとしても、それが即、自身のメリットにつながると判断できるとは限りません。初めて説明を聞く場合や予備知識を有していない場合、相違点がなぜ有利なのかがわかりにくいこともあります。相手を選んで立場を考慮した場合、端的にメリットを伝えることができます。

c．従来

比較は複数行うことができます。他社批判をしなくてすむように、まずは自社の旧商品や取扱いのある類似商品との優劣を比較します。改善や改良が施されている場合は、相手の立場や置かれている状況を踏まえ、利点を説明します。

d. 他社

　購入を判断する際には、多くの場合、他社も含めた比較・検討が行われます。購入する側は販売する側と比較して知識や情報を有していないことが多いため、比較対象を示すことは「親切」につながります。そのうえで比較する競合商品を貶めることがないように配慮しながら、客観的な事実をもって、選ばれるように判断材料を提供します。

5-2 アプローチシート

▶▶▶▶▶ 原理原則その2 「想像して備えること」

(1)　作成する目的

①アプローチのイメージをつかむ

　「リストアップ」「口実・投げかけ」「購入見極め」「スタートイメージ」「意思決定」「継続見極め」の6つのステップで、アプローチに必要な取組みを想定します。最初の段階ではおおまかなターゲットしか設定できていませんので、リストアップすることで商談相手を明確に特定します。

②断られない、むしろ歓迎される方法を探す

　自分本位で自分の都合のみで訪問するのではなく、他人本位で相手の立場に立った挨拶の方法を考えます。面談した相手が見込みがあるのかないのかを判断するためのシグナルとなる言葉や行動を探します。

③購入判断を早期に導く方法を考える

　商品に関心があることが確認できたら、決断されない理由を取り除くた

めに、承諾後の労力や想定されるリスクに対して対応します。迫るのではなく、相手が正しく購入決断ができることを支援する立場で想定します。

④アプローチとは商談を成立させる進め方

自分の過去の経験から、また、ひとからアドバイスを受けて、最適、最善と考えられる初対面のひととの接し方を想定することです。見込みの度合いを間違えない見分け方や、決断できない理由を排除することで、欲しいひとに決めてもらえる備えを目的とします。

⑵ 「アプローチシート」で期待できる効果

苦手なひとが多い "営業" ですが、それは断られたショックで心が折れてしまうことが原因です。少し立ち止まって考えてみれば、いろいろ方策が浮かんでくるものです。たくさん思いつくことをコツと考えます。コツをつかめたひとは、早くひとと仲良くなれます。

①挑戦機会が増える

断られにくい、むしろ歓迎される訪問口実が見つかると、試してみたいという衝動にかられます。本当にそうなのかどうか即行動に移されます。心が折れる要因がなくなることで、訪問や面談に対する恐怖心が和らぐ効果が期待できます。

何度も断られることが続くと誰しも心が折れます。そういう場合、少し時間を開けて気分転換するというルールを設けているひともいます。効果的なアプローチの答えが見つからなければ、そのうちに、ずっと待機しなければならなくなってしまいます。

②活動効率が高まる

営業活動は割り算で計れます。「いくら訪問して」「どれだけ話ができた

か」「そのうち何人から注文がとれたか」など、分母と分子で成約率を把握することができます。成約率を高めるためには、成約率が高まる方策を考えて実践することが必要となります。

　選んだ訪問対象が悪かったのか、面談方法が間違っていたのか、見込みを勘違いして余分な時間を費やしてしまったのかなど検証する必要がありますが、多くの場合、基になる仮説が立てられていないため、検証することもできない状態にあります。

③備えがより進む

　面談や商談はほとんどの場合、言葉と資料で行われます。失敗の都度、改善を繰り返していけば、より効果の上がる説明方法や資料の作成が行えるようになります。より効果を高めようとした場合、必要なことが浮かんできて、やるべきことがたくさん見えてきます。

　会社案内は、自己紹介を行うための重要な説明ツールです。多くの企業

図表5-3　アプローチシート（記入例）

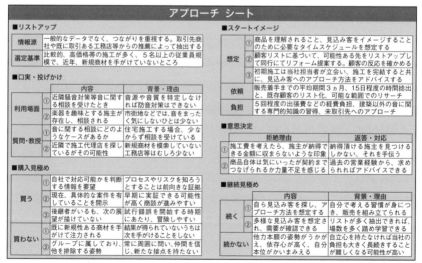

☞再掲210ページ

第5章　販路開拓支援フォーマット

で作成されていますが、単一の場合が多いようです。見せる相手によって
伝えるべきことが異なることを理解できれば、対象別に作成されるべきで
すが、それができているところをあまり見かけません。

(3)　項目説明

①リストアップ

　想定する販売対象者に対して、実際に商談するうえで誰に接点を求める
べきか、具体的な対象者を選定します。見込み客の前段階の見込み想定リ
ストとも言えるものを作成する方法を示します。

a．情報源

　候補を選定するにあたり、もとの選定する前の対象者をどのようにして
求めるか、探す方法を示します。例えば、単に「インターネット」とする
のではなく、どのサイト、どのリストと具体的に特定します。ネット以外
にも既取引先からの情報など、商談する価値があると思えるものを選びま
す。

b．選定基準

　情報源で特定された見込みを、さらに絞り込むときの基準です。見込み
の数は、あまり多くすべきではありません。実際に接触できる数に限界が
あるからです。そのため、より成約可能性が高いと思える先を選ぶべきで
あり、可能性が高いと判断された理由が基準とも言えます。

②口実・投げかけ

　まったく面識を持たず、こちらのことをまったく知らないひとに対する
挨拶を考えます。ひとは、売り込まれることを嫌がる傾向があるため、受
け入れやすく、警戒心を弱める訪問理由を考えます。

a．利用場面

　普段は必要なくても、必要と感じていただけるときを相手に伝えます。

135

「このような場合に声を掛けてください」という投げかけは、いま売り込まないことにもつながりますので安心感が期待できます。困ったときなど助けを必要とする場面を相手に想像してもらうことができれば、記憶してもらえる可能性が高まります。

b. 質問・教授

ひとは基本的に親切です。困ったひとを助けたい気持ちを持つひとは多く、何かを尋ねることで売り込まれる不快感が低減します。ずるい姑息な方法に感じるひともあるかと思いますが、尋ねる方法によってかなり効果が期待できて、良い人間関係を結ぶきっかけとなることもあります。

c. 内容

必要とされる場面や尋ねることを示します。無差別ではなく相手を特定して考えますので、役に立てる場面を想像します。対象者を選定した理由にそのヒントが隠されています。

質問は、相手が答えられる方法で質問します。相手が「はい」「いいえ」ですぐに答えられる質問が理想的であり、答えに困るような質問は、あまり良いとは言えません。

d. 背景・理由

想定する場面や質問が有効であると思える理由を検証します。効果が期待できるかどうかよりも、不快や弊害がないかを優先して考えます。検討結果によっては、むしろ喜ばれ歓迎される方法が見つかることも多くあります。この方法が見つかれば、訪問や面談に対する苦手意識がかなり払拭されます。

③購入見極め

購入される見込みがあるか、商品に対する興味や関心がどの程度かをはかるための方法を想定します。購入可能性の低いひとに対して時間をかけて説得するなど労力を費やすことは、無駄になるだけでなく、相手を不快にさせてしまいます。

第5章　販路開拓支援フォーマット

a．買う

　興味を示して購入に近づく可能性を判断します。そのような場合、共通する言葉を発したり、しぐさなどの動作が見られることがあります。上司や部下を同席させるなど、過去の経験から成約に結びついた先に見られた共通要因を思い起こします。

b．買わない

　結果的に不調に終わった場合、振り返ってみると不調に至るまでに兆候が見られる場合があります。ある言葉を発したらそれは断り文句であったり、明確な購入できない理由や事情であったりします。そのシグナルをつかみます。

④スタートイメージ

　安心して取引できるイメージを高めます。商取引などは消費者の買い物と異なり、口座の開設など手続きや労力を要する場合があります。納入日時の設定やその前に上司の説得など、かかる負担が多大な場合もあります。安心して購入判断できるよう事前にかかる負担を説明します。

a．想定

　検討されている購入や取引を決断いただいた場合、どのような手順で進んでいくのかを示します。段階に分けて起承転結を説明します。まだ実際には行われていない初めて体験することではありますが、イメージしてもらうことで多少の安心感が得られます。

b．依頼

　取引が完結するまでの間、何をお願いする予定でいるのかを示します。それは反面、購入する側がどのような作業をしなければならないかと同じ意味を持ちます。求められる依頼内容が対応できる範囲であれば購入決断しやすくなります。わからなければ、多忙を理由に判断してもらえない可能性が生じます。

137

c. 負担

依頼内容を端的に要約します。最終判断しやすいように、かかる時間、手間などの労力を項目と程度で説明します。場合によっては費用が発生する場合があります。相手に不都合なことも説明しておくことで信頼を高めることにつながります。怠るとあとでトラブルに発展する可能性もありますので注意が必要です。

⑤意思決定

一通り説明を終えて、ある程度納得されても、結論が先送りされることがあります。それは、すべてに納得できず、不安やリスクを感じるときです。教えてもらえる場合もありますが、教えてもらえない場合もあります。決断できない要因を残さないように事前に対応します。

a. 拒絶理由

決断できない理由を推測します。過去に最終判断される際に断られた理由を思い起こし、似たような状況にある場合、何がネックとなるのかを考えます。断られた理由を放置することなく対応することができれば、成約率が高まります。

b. 返答・対応

拒絶理由に対して相手が納得できる対応策を考えます。言葉で答えることができる場合と、特別な対応を必要とする場合があります。大切なことは、その場しのぎの答えを考えるのではなく、不安やリスクを取り除くことです。取引条件を変更、譲歩する代替案を示す方法が考えられます。

⑥継続見極め

商談対象者が、長く反復継続して取引できる相手かを見極めます。見極めは「購入するかしないか」と「長く継続できるか」の2段階で行い、それぞれ目的が異なります。

購入見極めは、商談にかかる労力の制御であるのに対して、継続は条件

第5章　販路開拓支援フォーマット

譲歩の程度を図る目的です。長い目で見た場合、利益につながると見込める場合は、値引きも含め糸口を作るために大きく譲歩することがあります。

a．続く

シグナルをとらえます。購入見極めと同様に、長く続くと見込まれる場合に発せられる言葉や動作です。潜在的な購買能力や商品に対する必要の程度、競合他社の状況などによって、継続の可能性が見込めます。

b．続かない

同じくシグナルです。同じ商品を他からも購入しており、安くならないかという理由で気まぐれで試してみた場合や、そもそも利用頻度が極端に低く、次の購入理由が思い当たらないなどのケースが考えられます。

5-3
商談イメージシート
▶▶▶▶▶ 原理原則その3 「警戒心を取り除くこと」
▶▶▶▶▶ 原理原則その4 「好印象を持たせること」

(1)　作成する目的

①価値を選んで表現する

商談は、自己紹介と商品説明によって行われます。相手に示すべき価値を複数から選び、伝わりやすい表現で示します。長すぎず、短すぎない文字量で、印象に残る説明ができるように価値を定義します。

②説明の漏れをなくす

「ひとの基本原理」（30ページ参照）を踏まえ、伝えるべき価値を網羅して示します。限られた枠の範囲内で考えることにより、商談で説明すべき内容が絞られることで、説明を聞く側にもわかりやすく伝わります。

③順序が決まる

あまり信頼されていないとの前提をもとに、まず話を聞いてもらえるように警戒心を解いてもらい、興味や関心を持ってもらえる説明の順序を探ります。事前に想定することで、的確に相手にふさわしい説明ができるようになります。

④商談イメージとは伝えるべきことを整理すること

伝えるべきではないことは、理解の混乱と不審感をきたすことがあります。ここで大切なことは、相手によって伝えることが異なることです。相手の心に響く説明の方法と順序を想定することを目的とします。

⑵ 「商談イメージシート」で期待できる効果

自己紹介は誰にでもできます。しかし、取引したくなるように、購入したくなるようにという前提を付けると別問題です。説明の順序や印象に残る言葉など、よく考えて説明すべきですが、それができているひとは意外と限られています。

①正しく理解される

相手を見極めて、理路整然と言葉を選んで説明すれば、わかりやすくもあり、より正しく理解してもらえることにつながります。事前に備えておくことで、しどろもどろになることなく、余裕ある態度で説明することができれば、相手の印象も良くなります。

とっさに説明を求められ何を話せばよいかとパニックになり、思いつくことを脈絡なく話せば、相手は不安を感じます。それ以前に、説明もよく理解できず、知りたいこともわからず、心にも残らないことから、説明そのものが無駄になってしまいます。

第5章　販路開拓支援フォーマット

②成約確率を高める

　価値を正しく知ることができます。価値が認められ、不安やリスクが低いと感じられる説明を受けることができれば、納得できて購入判断もつきやすくなります。迷いが和らぐことで、後悔しない購入判断ができるようになり、結果として多く売れるようになります。

　価値がよくわからない、自分にとってのメリットが感じられないし相手も信用できないというのでは、購入決断されません。不安やリスクも残ったままでは「少し時間が欲しい」という気持ちが高まり、購入してもらうことが難しくなります。

③協力者が増える

　使命や役割に共感できれば、協力できることはないかという気持ちになることがあります。その目標を実現して欲しいという気持ちを持ってもらうことができれば、アイデアの提供や販売方法などのアドバイスが期待できます。場合によっては紹介も得られます。

　ただ注文を得るための商談がいけないわけではありませんが、同じ時間

図表5-4　商談イメージシート（記入例）

商談イメージ シート					
		提案対象者	新たな商材を開発し、従来にない提案で既存客を掘り起こしたい工務店	提案商品	高い性能を有しながらも従来競合品よりも低価格で競争力を持つ遮音壁材　○×△□
区分			企業プロフィール		商品プロフィール
認知	警戒心	概要 (ひらたくいうと)	高気密、高断熱の次を提案する		音を選択することで住空間を快適に
			同業他社と競合しにくい分野のリフォームを共にするメーカー		一定の需要が見込めながらも対応できていない音のリフォーム提案
		選定理由 (取引志望動機)	価格帯と潜在的ニーズが比例		規模、体制、顧客層が理想的
			優良住宅を多く手がけられており楽器の音に悩む施主が見込める		このエリアではじめてご案内されたが、防音に最も適している企業
	好印象	特徴 (自社、他社比較) ①	高い性能より手に届くことを優先		豊富なエビデンスで証明できる
			一定水準をクリアする品質の遮音壁材が低価格で提供できる技術		一般生活で求められる騒音問題を極めてリーズナブルに解決する
		②	建材メーカーから転換できた		未経験の工務店様でも手がけやすい
			疑問や要望に即答えられる社内体制と社長が専門的知識を持つ		従来断熱材と同等技術で施工でき特殊な技術が必要とされない
理解		活用方法 (どのような場合)	知識がなくても提案できる		見込み客が見分けやすい
	信頼感	活用利点 (取引、利用価値)	独自で騒音問題解決はほぼ不可能		コストパフォーマンスが評価される
			国の補助を得て培った製品、技術力、専門的知識が活用できる		迷惑をできるだけ少なくするために費用を惜しまないひとに提案
		おこり、経緯 (ヒストリー)	困っているひとの存在に気づく		建築分野では未知の商材
			音楽関係者から楽器メーカー同等品を安くできないかと打診される		ニーズがありながらも、意外に手がけている競合が少ないため参入
賛同		実績 (尊敬、高評価)	世に問われることに挑戦してきた		必要なひとに出会えている
			○○銀行女性ビジネスプランコンペティションのファイナリスト受賞		騒音の解決策を探していた上場P社への納入や施工協力会社
	期待感	目標 (努力と工夫)	協力者確保が普及につながる		量産化が普及につながる
			取り扱って頂ける協力店を増やすことで生産量、施工体制を増強		量が増えることで価格が下がり、より多くのひとの役に立てる

☞再掲211ページ

141

を使うのであれば、共感や賛同をもらえるほうが有益です。ところが、多くの場合、共感してもらえる目標を想定していません。目標があったとしても賛同できるかどうかが問題です。

(3) 項目説明

①共通

a. 認知、理解、賛同

「商談イメージシート」に記載する際に、何が正しいのかを判断するうえで基準となる項目です。記載内容が目的に照らして合致しているか、確認するために示しています。

商談の成立には、3段階を経ることが通常です。賛同まで至ることができれば、販売で終わることなく、販路に至る可能性を高めます。

b. 警戒心、好印象、信頼感、期待感

初めて商談する際に、商談相手の心の変遷を示しています。自己紹介や商品説明において順序があると考えて、各段階で伝えるべきことを整理する役割を果たします。

c. 文章とキャッチ

各項目の記載は2行で行います。上下に分かれていますが、上部は短文のキャッチで、下部は文章です。先に文章で目的に即して説明します。わかりやすく好印象につながる文章が理想的です。最初にすべて文章を記載して、文章に慣れたのち、短文でキャッチを記載します。一気に書き上げたほうが語呂がうまく揃います。

d. 過不足なく

「商談イメージシート」は、枠内に余すことなく記載してください。各スペースは必要な文字量を想定しており、短いとわかりにくく、多いと伝わりにくくなります。上部のキャッチが枠の3分の1以上、半分以下が目安です。下段は右の端まではみ出さないように記載します。それを下回る

142

第5章　販路開拓支援フォーマット

文字量では、効果的に価値を伝えることが難しいと考えています。
・上段：キャッチ…ひとことで表現します。10 ～ 15文字
・下段：文章…短い言葉でわかりやすく説明します。26文字程度

e．記載する順序

　最初は、下段の文章から記載します。限られた文字量で考えをまとめるには少し慣れが必要です。かなり言葉を選ばなければ枠内に収まりません。そのため、文章でまとめる感覚をつかんだあとで、キャッチを記載します。文章を考える過程で、たくさんのキーワードが思い浮かんでいるはずですので、より短いキャッチも書きやすくなっているはずです。

②企業プロフィール

　企業の良さを伝えます。商談相手が判断する場合、適性を評価されます。自分と取引することがふさわしいかどうかです。不安やリスクがなく、他を利用するよりも有利であるかという判断に役立つ説明が期待されます。

a．提案対象者

　志向と属性をつなげます。どんな考えを持ったどんなひとであるのかが、容易に判断できるように記載します。以下、その対象者に対する対応を想定して記載することになります。

b．概要

　商談相手の立場を踏まえて、一言で何をしている企業なのかを説明します。誰に対して何を販売しているのか、端的にわかりやすく表現します。同業他社との違いが伝わることが効果的です。

c．選定理由

　選んだ理由は、相手を選ぶことになるため、相手に失礼にあたり、おこがましい面も感じられます。しかし、例えば就職の面接では志望動機を聞かれますし、適性を判断するうえで有益な情報ともなります。相性の良さを相手に気づいてもらう可能性を高めます。

143

d. 特徴

類似した競合他社との違いを示します。相手が期待することや現状不満に思っていることなどが想定できます。商談相手にとって有利な取引が行えると思えるような、他社にはない自社の良さを記載します。

e. 活用方法

商談相手にとって、とりわけ有利と感じてもらえる場面を紹介します。通常では気づきにくいが、ある状況に至った際に他社ではなく自社を思い出して選んでもらえる場面のことです。こちらがお役に立てると感じられる場面を想定します。

f. 活用利点

自社が選ばれるメリットです。自社と取引することで、どのようなメリットがあり、他社よりも優先すべきかを説明します。もちろん有利、不利は相手が決めることですが、こちらから示すことで検討してもらうことができます。

g. おこり、経緯

企業は、必要があって成り立っています。企業が生まれた背景には必要とされた理由や事情があり、それを伝えることでその企業の持つ価値を感じることがあります。歴史の浅い創業者であっても、前職で何をしていて、なぜ創業に至ったかを説明することで、ひとの賛同を得ることが多くあります。

h. 実績

商談相手にとって尊敬できることを選びます。あなどれない事実とも表現できるでしょうか。ひとができないことを成し遂げた事実がよく用いられます。相手も知らない、または価値を感じることができない受賞やありふれたことは、あまり評価を高めることにはつながりません。

i. 目標

自社が目指していることを示します。ひとは、目標に向かって努力しているひとを尊敬し、応援しようとする気持ちを高めます。その目標に共感

144

することができれば、賛同を得て協力につながることがあります。相手も同じことを考えている、相手も求めていることなどのうち達成可能と思える目標を示すことで賛同と協力が期待できます。

③商品プロフィール

商品の良さを伝えます。多くの場合、比較・検討されますが、最終的に有利なモノが選ばれます。企業と同様に不安やリスクがなく、自分に適性のあるモノが求められますので、お勧めする商品が商談相手にとってふさわしいと感じてもらえる説明が期待されます。

a．提案商品

商品の名称に、用途や機能を加えて表現します。あれこれ範囲を広げて説明することなく、糸口を作るうえでふさわしいと思える商品に絞るためです。この商品を購入判断してもらえるように、持てる価値を全力で考えます。

b．概要

お勧めする商品がどのようなモノであるのか、容易に理解できるように一言で説明します。よくあるモノとの違いや利用価値を加えて表現します。良い意味で先入観を持って話を聞いてもらうことができるようになります。

c．選定理由

お勧めする理由です。商談相手とお勧めする商品の相性が良いことを説明します。お勧めする理由や選んだ理由には根拠があり、検討に値するモノであると感じてもらうことができます。何でも売れればよいというのではなく、考えて勧めているという謙虚な姿勢が伝わります。

d．特徴

類似した競合商品との違いを示します。その特徴は、既存類似商品に対して、不満が感じられていることが効果的です。検討の余地があると感じてもらえるような他社商品との違いを説明します。

e．活用方法

普段は必要としなくても、どのようなときに役立つかを示します。困ったとき、不便を感じたときなど特別なときを想定します。あまり必要性が感じられないモノでも時として必要とされる場合があります。防災用品がわかりやすい例です。

f．活用利点

他社商品ではなく、お勧めする商品を選ぶメリットです。商品を購入して使用することで得られる利便性を、使用する環境に合わせて説明します。商品が持つ他社商品にはない特徴が相手の期待を超えた場合、購入を検討することにつながります。

g．おこり、経緯

企業と同様に、商品も必要があって生まれています。必要とされた理由や背景を説明します。そこには、必要としたひとがいて、そのひとの期待に応えるべく商品を開発したり品ぞろえに加えた事実があります。必要としたひとが商談相手と似たような状況にあると共感が得られます。

h．実績

類似する商品とは、異なることを理解してもらいます。見た目にはわかりにくい商品の持つ価値が伝わります。難易度の高い取引先への納入や権威あるコンテストでの受賞などがあります。テレビで有名人に取り上げられたことなど、普通ではあまり見かけない客観的な評価や事実が適しています。

i．目標

現状に満足していない姿勢を伝えます。いまある取扱商品を、今後の努力によってどう変えていきたいのかを示します。商談相手に役立つことや期待されることなどその考えに共感することができれば、賛同につながります。賛同は不安やリスクを取り除くことに役立ち、購入決断されやすくなります。

第5章　販路開拓支援フォーマット

5-4
商談モデルシート

▶▶▶▶▶ 原理原則その5 「相手の疑問をなくすこと」

(1) 作成する目的

①質問の真意を踏まえる

　言葉に出てくる質問は真意とは限りません。言葉から推測して何を知りたいのか、相手の期待を想像する訓練のひとつです。相手の期待する答えから大きくそれることがないように考えることでできるようになります。

②期待に応える回答をする

　真意は一つでも回答は一つとは限りません。経験の深いひとほど、より好まれる回答ができます。質問の真意と望ましい回答を知ることで、経験の浅いひとの対応力を高めることにつながります。

③すべての商談を無駄にしない

　商談は、すべて成立すればよいのですが、そうもいきません。仮に購入見込みがなくても、好意を持っていただくことができれば、尋ねることができます。事前に質問を想定しておけば、商慣習など知らないことを教えてもらえるチャンスとなります。

④商談モデルとは受け答えを的確に行うための備え

　スムーズな受け答えは、いかに相手の立場に立てるかによって決まります。聞かれたことに対して的確に答えることはもちろん大切ですが、相手の安心感や信頼感を高める気の利いた質問もあります。それを事前に知ることを目的とします。

147

⑵ 「商談モデルシート」で期待できる効果

　受け答えはとても重要です。取引相手として信用できるかどうか、質問したことに返ってくる言葉で判断されます。就職に例えれば面接と同じことです。いくら履歴書が立派でも受け答えが期待を裏切れば、採用には至りません。

①信頼が高まる

　質問は多くの場合、期待する答えが想定されています。就職は一生を左右する場合もありますので、とても慎重に答えを用意します。商談も同様で、ぜひ取引したいと思う気持ちが強いほど時間をかけて提案書を作成し、質問に対する答えも事前に考えます。

　聞きたいことと異なる答えが3回返ってきたらどうでしょうか。もう聞いても無駄と質問したひとは感じるかもしれません。就職の面接でも、予定より早く終わる場合は採用されないことが多いはずです。続けて質問したくなる返答がなされなければいけません。

②トラブルが回避できる

　わからないことを質問するだけでなく、気の利いた質問もあります。この取引を行ううえで確認しておかなければいけない事項などがそれにあたります。当然に確認しておくべきことの中に、相手も気づいていないことがあります。それを質問することが良い質問の代表例です。

　確認することで、認識の違いが発見できますが、聞くべきことを確認しておかなければ「こんなはずではなかった」「話が違う」と、後のトラブルに発展することがあります。少なくとも慎重さは感じられません。

③ひとに教えられるようになる

　受け答えは誰にでもできそうに見えて、実は大変難しいことです。新人

148

に一から教えるとなれば、それは膨大な作業となりますが、わずかでも書面として記録に残しておけば、言葉で説明するよりもわかりやすく伝えることができます。

　接客はある種のセンスのようなところがあり、できるひとは教えなくてもできて、できないひとは何度教えてもできないといった傾向があるようです。しかし人手不足でひとが選べない昨今、記録に残して説明するだけでも大きく教育効果が高まります。

⑶　項目説明

①懸念

　相手から受ける質問のことです。質問はたくさん考えられますが、このシートはトレーニングを目的としていますので項目を限っています。すべてを網羅するものではありません。活用することで質問に的確に答えるこ

図表5-5　商談モデルシート（記入例）

商談モデル シート

■懸念

項目	疑問、質問	質問の意図、本音	適正な回答、対応	必要な対策、備え
適性	当社のように音の専門知識を有していないところでも大丈夫なのか	簡単というあとで大変な思いをすることになり、見返りが得られない	必要があってもなくても月1回3ヵ月は訪問し、そこで疑問を解消可能	どこに疑問や不安を感じるか、つまづくか記録をとる
品質	板一枚で、そんなに防音や遮音の効果が得られるとは考えにくい	色々データは揃っているようだが、その意味が理解できず嘘に見える	一度工場視察に来てもらいリスニングルームの吸音効果を体感頂く	視察、現場実験、ビデオ視聴等理解頂ける段階の設定
価格	低価格とはいうが住宅パネルの2倍もかけて施工するだけのメリット	自分なら効果がはっきりしないものに対して、そこまでお金をかけない	競合他社が高くならざるを得ない理由、当社が低価格可能な理由	客観的にみて比較できる説明項目と可視化した資料
対応	サポートするとはいうが、どういうことをどの範囲で支援してくれるのか	最初だけうまいこといって、実際に取扱いをはじめたらほったらかし	実施時期、サポート項目などのスケジュールを決めてスタートする	サポートメニューとタイムスケジュールを標準化する
疑問	このエリアに競合が生じる可能性があるのか、それとも独占できるか	苦労して顧客を開拓しても、あとから参入してくれば報われなくなる	独占の考えはないが、一定期間に一定量出れば他への販売はしない	量産化による効果と期待する期間当りの量を設定する

■商慣習

項目	疑問、質問	質問の意図、本音	期待できる情報	情報の活用
適性	新規商材を導入する際の障害や不安な点、意思決定の判断基準は	今後見込み客を識別するにあたり、見分けるための基準を知ること	投資、費用負担、期待利益、作業負荷など取引条件がわかる	当社の都合でなく、相手の事情を考慮した取引に反映
品質	遮音効果のある建築資材の認識の程度やどこまでの性能を期待	過去において、音に対してどの程度、問題意識を有しているのか	音の問題解決を有する工務店等の共通する属性、商環境がわかる	立地や施工案件などの共通性がわかれば次に展開
価格	施工に受け入れられる施工金額、それに伴う資材納入価格の適正	当該企業の価格に対する価値観、値頃感がわかり参考に資する	中小工務店でも無理なく扱える目標とすべき単価の水準がわかる	量産化後に低価格化できる製品単価設定の参考とする
対応	担当社員の配置育成を想定するか、その前提条件は何であるか	片手間営業では結局のところ注文に至らず担当や専属が理想的	どの程度の規模になれば専属を配置する決断ができるかの目安	理想的な代理店のあり方を想定する上での数値目標
手順	新規受注や施主OBのフォローなど、手段、頻度などの進め方	手段や手順が標準化されているかわかり、組織体系的思考の有無	通常の工務店営業の内容を把握することで、必要なフォローを設定	求められていること、いないことを峻別しメニューに反映
基準	この件に限らず、新規事業や商材導入において可否をどう決めるか	かね、ひと、もの以外の要因やその内容、程度、諸事情が知りたい	想定していないネックがわかることで、交渉材料が充実する	断られる理由を先回りして、決断を促す説明につなげる

☞再掲212ページ

とができているかが確認できます。

a．疑問、質問

相手から言葉で発せられる質問を記載します。真意とは異なるかもしれ
ませんが、質問されると思われることをそのまま記載します。

b．質問の意図、本音

質問の目的を想定します。何を期待して何を知りたいがために質問する
のか真意を想像します。ひとは考えていることをそのまま言葉にしないこ
とがあります。言葉には表れない本当の質問目的を想像します。

c．適正な回答、対応

質問の目的に添える対応を考えます。聞くことの目的に添えるよう、何
が相手の納得につながるかを考えて行うべきことを想定します。言葉で回
答する場合もありますが、行うべき対応や備えとなることもあり、範囲を
広げて考えます。

d．必要な対策、備え

的確に対応するために行っておくべきことを考えます。このことが改善
につながります。説明資料などないものは作る、適切な回答などできてい
ないことはできるようにするなど、顧客を増やすうえで足りないものを見
つけます。

e．適性

相性について確認されることがあります。自分の目的や用途に即してい
るか、確認された際に即答できる必要があります。ひとは自分に合わない
モノは買いません。

f．品質

自分の期待や想像に対して不安がある場合、質問されます。期待に添っ
ていることだけでなく、その理由や根拠も知りたいはずです。

g．価格

安くならないかは誰もが考えることです。商談相手は相手に不利を強い
るばかりでなく、価格を引き下げる方法を知りたい場合もあります。

150

第5章　販路開拓支援フォーマット

h．対応

納期や故障した際の保証や修理など、不都合が生じた際の確認の意味があります。商品を気に入ったとしても対応に不安が残れば購入決断されません。

i．疑問

その他の項目です。表記に属さないことで、想定する事柄がある場合に使用する予備欄と考えてください。

②商慣習

商談を改善に活かせるように質問する方法を考えます。新しい取引先のことは知らないことばかりです。何が購入判断の基準となっているのか、慣習的な取引の条件やルールがあるのかなどです。調べてもわからないことを聞くことができます。取引するうえで必要なことを確認する意味を持って質問することにより、誠実で慎重な姿勢も伝わります。

a．疑問、質問

こちらから相手に投げかける質問を記載します。聞きたい目的を普通はそのまま言葉にしません。相手が答えやすくなるように考えて質問します。

b．質問の意図、本音

質問には目的があります。言葉で発する質問にどんな意味があるのかを確認します。質問することで把握したいことやその意味を想定します。

c．期待できる情報

質問して得ることができる情報を特定します。情報の種別が決まることで、より良い質問の方法を考えることができるようになります。

d．情報の活用

意味のある情報をどのように改善に役立てるか、事前に想定します。改善に役立てることができれば、商談が不調に終わったとしても、無駄にはなりません。活用できない質問はあまり良い質問ではないかもしれません。

151

e. 適性

相性について意見を求めます。こちらが良いと思ってもそうではないこともあり、質問することはこちらの間違った認識を改めたり新たな着眼点を見出すことにつながります。

f. 品質

満足される水準がわかります。十分に期待に添えていると思っても、そうではないこともあり、商品の改良につながるヒントが得られます。

g. 価格

相場を知ることができます。自社で把握できていない競合他社商品の価格がわかる場合や、慣習として定着している価格がわかる場合があります。

h. 対応

対応において相手の期待することや水準がわかります。特に求められていることをつかむことで、選ばれる要因を増やすことにもつながります。

i. 手順

意思決定のプロセスを知ります。企業の場合、一人で決められないルールになっている場合が多く、影響を及ぼすひとが複数存在します。誰が存在して、どのような影響を及ぼすかがわかれば、採るべき対応や備えが変わってきます。

j. 基準

購入判断する際の基準です。複数の要因があったとき、何を重視するのかはひとによって違います。基準に達していない事項は今後の改善点でもあります。

第5章　販路開拓支援フォーマット

☞第5章のまとめ

・販路開拓は、個別の業種や顧客対象が異なることから、標準化（フォーマット化）が難しいと考えられてきました。最初は、本書で紹介する販路開拓支援フォーマットも使い勝手が悪く、記入しにくいところがたくさんありましたが、改良を重ねることで、ほぼ誰でも活用できるようになりました。

・当初は1枚からスタートしましたが、現在は4枚にまとめています。雑貨品メーカーと考えた訪問時の受け答えを想定することで、「商談モデルシート」が最初に生まれました。商品パンフレットやホームページを作成するために、価値を可視化する「商談イメージシート」が次に生まれました。

・各シートは、少しずつ進化しながら積み上げてきたものですが、まだ足りないところがたくさん残っていると感じています。

・このシートはあくまでもベースとして考えて、自分に合ったものに作り変えて使ってもらえることを期待します。

153

第6章

販路開拓取組み事例

販路開拓の進め方および原理原則等を取りまとめるにあたって参考にした企業の取組み事例を紹介します。いずれも試行錯誤の過程を共に歩んだ企業ばかりですが、販路開拓のコツをつかみ、たくさんの取引先や顧客を獲得しています。それぞれどこが優れているのか、なぜうまくいったのかについて、筆者の視点からコメントしています。

6-1 製造業編 雑貨品メーカー

(1) 事前の備えはチャンスにつながる

　筆者にとって、販路開拓支援の起点となった企業です。漠然と商談に臨むのではなく、最終的な面談目的を明確にして、自己紹介の仕方や受け答えを想定しておくことなど「想像して備えること」で、より多くの賛同や協力を得ることができることを学んだ事例です。

(2) アプローチを重ねるがうまくいかない

　A社は、まだ世の中で知られていないスキンケア用品を販売するために、試行錯誤を重ねていました。試行錯誤とは難しいもので、こちらが取引の相性が良いと思っても、相手にそう感じてもらえず、やっと扉が開いたと思っても長く続かないなど、苦労の連続でした。

(3) めぐってきたチャンス

　とある日、ひとの紹介で有力企業の担当者とのアポイントが取れました。A社にとっては創業当初の信用力も乏しい中で願ってもないチャンスでした。この企業とぜひ取引したいと考えた社長は、商談を成功させるために万全の準備を行いたいと考えたようです。
　アポイントは、これから販売を広めたい地元行政と有力な商社の担当者それぞれから得られ、話の内容によっては販売に協力してもらえるとのことでした。

第6章　販路開拓取組み事例

⑷　価値を全力で伝えた

そこで考えたことは、まず何を伝えるべきか、何をお願いすれば受け入れてもらえるのかということでした。伝えるべきことは、相手によって異なります。最終的には販売協力を期待していましたので、応援したくなる自己紹介や商品説明が適していると考えました。また、お願いは相手のひとが喜ぶことは何か、嫌がることは何か、という視点から考えました。

結果的に、相手に喜んでもらえて、応援したくなるようなお願いごとが見つかりました。考えれば出てくるものです。これらの二者の面談でまったく地縁のなかった地域に販売網が広がり、現在も主力販売エリアとなっています。

⑸　販売網が全国に広がる

この商談を契機として、これまで実績のなかった地域での販売が加速度的に伸びました。商品特性上、信用が重んじられますが、地元行政と商社の後押しが得られたため、消費者への信用も得られるようになりました。地道なデモ販売や通信販売などによって、販路はいまや全国のみならず海外にまで及んでいます。

このときの経験がベースとなって、筆者は事前に想定することで通常困難な商談がまとまることを体感し、販路開拓支援の標準化に取り組んでみようと考えたのです。

157

6-2 製造業編
調味料メーカー

(1) 商品のあり方を真剣に見つめ直す

　まったく同じ商品であっても、商品にメッセージを持たせることで、これまでとは異なる役割が果たせるようになります。商品に使命を持たせ、売れない理由をなくしていくことで売れるようになるということを、目の当たりに感じることができた事例です。

(2) 斜陽が顕著な中での不安感

　B社は、一升瓶のお醤油を各家庭に配送して販売する老舗の醤油メーカーです。スーパーで醤油を購入する機会が増え、主たる利用者であった年配女性の高齢化に伴い、販売の低迷が続いていました。そこでB社では、このころ話題となっていた無添加醤油に可能性を感じ販売に注力していましたが、思うように売れていませんでした。

(3) 当てもなくさまよう時間が長く続く

　健康への関心が高まる中、無添加醤油に着目したことは決して間違ってはいませんでしたが、なかなか実績が得られないようでした。ふと考えてみると、筆者のように関心の低い者から見ると、高価格であり日持ちもせず特段おいしいとも思えないもので、購入者がごく限られているように感じられました。購入者が思い当たらないことから、どこにアプローチすればよいかさえ、イメージすることができませんでした。

⑷　売りたいものを変えてみた

　「どうすれば無添加醤油が売れるのか」というＢ社の期待に応えること
はできませんでしたが、ふとした雑談の中で醤油以外にもドレッシングを
作っていることに話が及びました。地元の有名な農家から依頼を受けて、
農家が栽培している農産物を素材としたドレッシングだそうです。無添加
醤油と異なり、どんな味がするのだろうととても興味が湧きました。試し
てみたいと思ったのです。

　そこで考えたのは、農家の許可を得て自社ブランドを作ることでした。
異なる容器の商品を、同じ容器で統一して「職人の技ドレッシングシリー
ズ」と命名し、地域の優れた農産品を世に広めるという使命を持たせたの
です。そして、ひとを選ばず、万人受けする商品に仕立てることや見せ方
を工夫することなどをＢ社に助言しました。

⑸　たくさんのひとから賛同が得られた

　当初はドレッシングを販売したかっただけでしたが、地域の優れた農産
品を世に広めるという役割を持つことで賛同者が増えていきました。それ
は、同じように地域の農産品を世に広めたい方々でした。行政からも展示
会出展費用が助成され、ここで運をつかみました。

　一般的に特徴がありすぎる商品は、最初は注目されますが、しだいに飽
きが生じます。そのため万人受けする味に調整しました。また、ドレッシ
ングを陳列する際にディスプレイを用いたりライティングを施したりな
ど、他の商品とは異なる展示方法に取り組むことにしました。それが有力
商社の目に留まり、短期間のうちに取引先を首都圏全域に広げることがで
きました。

　さらに、同社の取組みに賛同いただいた取引先から売り場スペースの提
供を受けて、念願であった無添加醤油の販売も実現しました。

159

6-3 製造業編
飲料メーカー

(1) 確固たる信念がひとを惹きつける

　商品の良し悪しはわかりにくいものですが、商品や売り方などに確固たる方針を持つことで、わかりやすく商品の価値が伝わります。すべてのひとに受け入れられるとは限りませんが、その方針に賛同できたことで、買ってもらえるということを体感した事例です。

(2) 要望に応えるため工場を新設

　C社は、日本三大朝市と呼ばれる集客力あるイベントで、長年しょうがのドリンクをカップで販売してきました。「持ち帰りたい」という観光客の声に応えるため、工場を新設してビン詰め品の販売を開始しました。C社は稼働率を維持するために、必要な考え方を整理することにしました。

(3) 自分の考えを文章にまとめる

　C社にとって工場の新設は大きなリスクを背負うことになります。そのため、売れ続けることが必要と考え、鮮度維持の方法、価格の妥当性、商品の良さなど、これまで自分で考えてきたことが、ひとにうまく伝わるように文章化することにしました。
　そのほとんどは、これまで顧客から尋ねられたことであり、売れない理由とも言えるものでしたが、その理由に対して納得のいく答えを考えてみたものです。

第6章　販路開拓取組み事例

⑷　迎合は結果的に誰かにしわ寄せがいく

　C社はまず、通常は小口仕入が求められるのに対し、1箱30本入りを最低仕入量として設定しました。それを月に1回以上注文してもらえる先とのみ取引するという考えです。毎日1本の割合です。商品の賞味期限は2年程度とのことですが、劣化が進むため製造から1ヵ月以内には販売して欲しいとの願いを込めています。そのことが結果的においしさを保ち、顧客の利用を長く継続させることになり、取引先の利益にもつながるという考え方です。

　高いと言われることに関しては、これ以上高くすると顧客に迷惑がかかり、安くすると農家に迷惑がかかるため、両者の迷惑が最小限となる線で価格設定しているとのことです。

　また、「おいしい」も定義されています。大切にしているのは、しょうがの持つ本来の甘み、色、コク、香り、風味、後味と、それぞれ納得できる説明がなされています。

⑸　商品と相手をより慎重に吟味する取引先に選ばれる

　C社の工場の生産能力は、農家の生産量に基づいています。そのため、たくさん生産して、より多く販売するという考えを持たれていなかったことから、適正な稼働率が維持されています。

　現在は、地元を代表する名産品として、道の駅や空港売店などのほか、こだわった商品を品揃えする全国各地の専門店などで販売されています。

　「より多く売りたい」「条件は相手に合わせる」という考えが多い中、自分の考えに納得してもらえたひとのみと取引するといった考えを貫くことで、C社は顧客にも取引先にも、そして農家にも迷惑のかからない製造販売を実現し、地域の雇用にも貢献しています。

161

6-4 製造業編 食品加工メーカー

(1) 役割を真摯に見つめ直す

　商談するうえで備えておくべきこととしては、商品価値の説明や取引条件などが想定できますが、それよりも大切なことは「取引先に何が貢献できるか」であることを体感しました。**ひとの心は商品価値ではなく取引価値によって動く**ということに気づかされた事例です。

(2) 市場はすでに飽和状態にあった

　D社は、市場から海苔を買い付けて、寿司などの調理に使いやすく加工して納入するメーカーです。寿司は和食の中でも味とともに見た目も重視される精細な料理であることから、海苔には厳しい加工基準が設けられ流通経路が確立されており、新規の取引先開拓は容易ではありませんでした。

(3) 答えは自分自身の課題の中に

　D社の後継者は、取引の安定を第一に考えていました。ところが、その方法がたくさんありすぎて絞り込めない点が悩みの種となっていました。取引先に何が求められているのか、その期待に応えるために何をしなければならないのか、その答えのヒントは、経営課題の中にありました。
　近年、海苔は不作が続いており価格が高騰しています。加工基準が高すぎて、規格外品が発生するため歩留まりが悪くなっています。その課題に取り組むことと取引先から期待されていることが、あまり違っていないと

いうことに気づきました。

⑷　精通することが信頼につながる

　価格の高騰は、D社にとっても取引先にとっても大きな問題です。地球温暖化に伴う海水温の上昇や水質悪化に伴う富栄養化など、その対策は一企業ではどうすることもできません。しかし、海苔は寿司屋にとって必需品です。

　D社の後継者は、海苔オタクと呼べるほど海苔に精通し、価格動向に関して極めて詳細に分析していました。そうした中で相場感覚が養われ、比較的低価格での仕入れに成功していました。まずはこのノウハウを持って取引先に貢献できないかと考えました。

　さらに、規格外品であっても規格を下げれば十分に利用価値があると考えられ、有効活用できる用途を想定することができました。いずれも外部の目で見たことから気づいたことです。

⑸　半年でここまで広がるものか

　D社の主力取引先は外食チェーン店です。異なる業態を多店舗展開していることから豊富なノウハウを有しています。しかしどうでしょう。こと海苔単品ということになると、それほど深く精通する専門家はいません。自らが学んで相場動向などを分析して意思決定に反映させることはできないでしょう。

　D社では自社分析からD社が貢献できることを見込み先に示し、半年も経たないうちに引き合いがありました。著名な百貨店に出店する新店舗での試験販売です。D社の海苔に特別な価値を感じていただいたことや、自信のついた後継者が的確に接したことによって、またたく間に複数店舗に納入先が広がっていきました。

163

6-5 製造業編
食品販売メーカー

(1) ひとの協力が企業を大きくする

　E社は、廃業予定の串打ち工場を引き継いだところから、事業が始まりました。廃業したら困るひとがたくさん生じる、そんな正義感から現社長が引き受けたのです。従業員の定着がままならない企業が多い中で、この企業に将来性を感じる若いひとが入社して第一線で活躍しています。

(2) やきとり商材で全国展開

　E社は、課題山積でありながらコンスタントに売上を伸ばし続けているやきとり屋さんです。もともと店舗を持たない串打ちからスタートしましたが、いまや全国へと販売する食品メーカーに成長しました。その要因として、ひとの心を上手につかむ右腕女性スタッフの存在がありました。

(3) もうけよりも安全安心を優先

　人手不足はE社の課題でもありますが、それは同時に納入先の飲食店や小売店でも深刻な問題です。やきとりは安価で気軽に食べられる人気商品ですが、調理に人手を要するものでもあります。そのため、引き合いはたくさん来るものの人手が足りません。
　ひとを育てるにも時間がとれず、短期間で退職するひとも多くいましたが、それでも引き合いに対応したいと懸命でした。串打ちや焼きを機械にすればよかったのかもしれませんが、それはしたくはありません。素材も

第6章　販路開拓取組み事例

信頼できる国産のみとしたため、利益は限られたものでした。

⑷　研修の最前列で原理原則を学ぶ

　串打ちはベテランの女性スタッフが担っていましたが、移動販売は新人スタッフの仕事です。移動販売は手打ちされた鳥串を焼く作業と接客販売の仕事を伴います。見た目は簡単かもしれませんが、接客には細かい作業を伴います。うまくいかなければ場所を借りているスーパーなどにも迷惑がかかりますのでとても慎重です。まずは、その接客を文章にまとめることに取り組みました。

　事業の拡張に伴い工場の移転やイメージアップのための補助金の活用など、外部からの可能なアドバイスは限られていましたが、E社社長の右腕女性スタッフは極めて熱心で、販路開拓や顧客管理の研修にはいつも最前列で参加して、E社にとって必要なことを吸収していきました。

⑸　右腕女性スタッフがファン作りに貢献

　女性スタッフは経営者視点で働いていました。ご本人は「社長の力になりたかっただけ」と言います。給油するガソリンスタンドの店員に声を掛けてスカウトしたり、近隣の事業所に飛び込み訪問するなど、スタッフや顧客の獲得に精力的に取り組んでいました。

　ブログの更新も熱心で、やきとりに対する思い、スタッフのこと、素材のことなどを書き連ねてありますが、それを見たひとがE社に注文します。特に国産鳥を手焼きしていることを理由に注文するひとが増え、ファンが次のひとに伝えて輪が広がっており、社長の愚直な仕事ぶりが多くのひとを惹きつけています。

165

6-6 製造業編 建築資材メーカー

(1) 漂流状態がしばらく続いた

むやみやたらにアプローチすることは、先行投資とも言えますが、結果が得られるまでにいたずらに時間を要してしまいます。冷静に考えて、誰を相手に、どのようにアプローチすべきかを選択して行動に移すことが大切です。考えて動くことの大切さを深く感じることができた事例です。

(2) ひとがやらないことをやる

F社はもともと、住宅の外壁材を製造していましたが、取引先の内製化により仕事量が減少する中にあって活路を見出すべく、防音効果の高い木製パネルを手掛けていました。ピアノを扱う商社からの打診を受けて防音パネルの市場性を感じ、本格的に参入しようと考えていました。

(3) 志向を考えたことで客層が見えてきた

防音材はすでに世の中に存在していましたが、市場にあるものは高性能ではあるものの高価格であるため、普及には限界があると考えました。知名度のないF社がピアノ関連商社から問い合わせを受けたことで、安価品の需要を強く感じることができました。

F社は国の補助金を活用しながら、試行錯誤のうえ、得心のいく製品を完成させました。社長は行動力があり色々な展示会に出向くことで多方面から注目されていました。試験販売にはとりあえず成功しましたが、採算

が確保できる仕事は少なく、仕事量の減少をまかなうほどには至りませんでした。

⑷　見込み客の可視化が無駄な動きをなくす

　確かにＦ社の試験販売はうまく進んでいるようでした。ピアノをはじめとする楽器店や有名な補聴器取扱店や音響機器メーカーなど、その実績は多方面にありました。しかし、分野が分散化しているがゆえに収益に結びつく提案ができず、待ちの状態が続いていたのでした。

　そこで、見込み客を仕訳しました。リストを作成し、一定の基準に即して評価することで、自ずと優先順位が決まっていきました。そして優先順位の高い取引先に対して、何を、どのように販売すべきか、相手の立場を考えながら、適した方法を共に考えてみることにしました。

⑸　先回りすべきことがわかった

　Ｆ社の見込み客について検討してみると、当初考えられていた優先順位とはかなり異なる結果が得られました。深く突き詰めて考えたことがなかったため、アプローチの方法も稚拙なものでしたが、どうすれば賛同してもらえるか、何がネックになるかなど、先回りして考えました。その結果、答えが用意できたことにより、かなり商談確率が向上してきました。

　相手の立場に立って提案することのコツがつかめたことで、これまで接点を持ちながらも取引の進展がみられなかった先に対しても、うまくアプローチができるようになりました。

6-7 製造業編 加工紙メーカー

(1) 欲しいひとは誰かを見据える

　自分が売りたいものをどうすれば買ってもらえるか、これが多くの事業者に共通する悩みです。しかし、そもそも必要としないひとは、いかなる提案をしようとも買ってはもらえませんので、必要とするひと、つまり欲しいひとを見つけるしかありません。その結果、高く商品を買ってくれるひとを見つけることができた好事例です。

(2) 目指すは過当競争からの脱却

　G社は、主に物流用の包装紙を手掛けている企業です。商社から仕入れた紙を、ユーザーの求めに応じて裁断などの加工を施して納入していました。しかし、海外品も含めた過当競争から採算を確保することが難しくなり、緩衝機能を高めることで差別化を図ろうとしていました。

(3) 用途を変えると販売対象も変わる

　G社では、環境保護の高まりにより、包装資材は石油系のビニール品からリサイクル可能な紙へと素材が変わっていくことを見越して、紙に凸凹を付けるエンボス加工を施した新製品を開発しました。しかし、エアパッキンなどの従来素材に対して、新製品の緩衝性能はとても及びません。
　そこで、物流用途ではなく、他の用途に目を転じてみることにしました。新製品のエンボスの放つ独特な風合いが、贈答品の包装に向いているよう

に見えたため、販売対象を変えることを思いつきました。

⑷　業界が異なっても備えはできる

　従来の物流用途では見栄えは重視されませんでした。そのため、エンボス加工紙の持つ風合いという価値は求められず、かつ緩衝機能も活かされないと考え、知人の経営するラッピング専門店で試験販売してみました。そこでわかったことは、あえて安価にしなくても予想を超える販売が実現し、包装用にニーズがあることでした。

　そこから想像して、さらに備えることにしました。商品価値や取引価値の説明、取引条件など、対象とする花卉業界のひとからアドバイスを受け、未知の業界に対して販売活動を開始しました。

⑸　タイミングと用途で提案

　漠然と商品説明するのではなく、タイミングと用途を設定しました。紙の良さを作り手の立場から説明するのではなく、使い手の立場から、タイミングと用途を設定したのです。

　生花店の現場をイメージし、最初は、母の日にこの紙を使用してラッピングしてはどうかと提案しました。そうすることで、ＹＥＳかＮＯか答えがはっきりするのです。

　相手が判断しやすくなるように、時期に即したラッピングのサンプルもたくさん用意し、業界慣習にも合致する価格を設定しました。Ｇ社の製品は、いまや全国の生花店に納められています。

6-8 製造業編
縫製品メーカー

(1) スーパーウーマンと出会う

　販売を試行錯誤するひととは多く出会いますが、標準化しているひとと初めて巡り合いました。電話による営業でしたが、受付を突破する方法、商品を理解してもらう方法、意思決定してもらう方法それぞれにルールを決めることで、販売に成功した事例です。

(2) 営業人材がいないのに全国へ納入？

　H社は、オートバイや自転車など二輪車に取り付けられる縫製品を製造していましたが、海外品との競合によって販売が低迷していました。ゴルフカートのシートの破れに着目し専用のシートカバーを開発、営業機能は持ちませんでしたが、全国のゴルフ場に納入していました。

(3) かなり思い切った大英断

　メーカーや商社が直接取引先であったため、H社では自らが提案して販売するという経験があまりありませんでした。自社開発した製品を販売するノウハウを持たないため、良い製品を有していても販売までには至らないという、よくある企業の典型例でした。
　H社社長は英断し、女性事務職員に電話でアプローチするよう依頼しました。電話セールスは、あまり好まれる仕事ではありません。結果、次々と退職者が出る中で、偶然にも興味を持って取り組んでもらえるひとが現

第6章　販路開拓取組み事例

れたのです。

⑷　私も販路開拓ノウハウを学ぶ

　筆者は当初、二輪車部門の販路開拓支援にうかがったのですが、シート
カバー部門はすでに成果を上げていました。筆者は、注文をとるまでのプ
ロセスについて興味深くヒアリングを行いました。この女性スタッフは、
以前、住宅営業の経験がほんの少しあるものの、長く子育ての期間を経て
最近再就職したとのことでした。経歴からすれば素人同然です。

　女性スタッフに見せてもらった大学ノートには、商談記録がびっしりと
書き込まれていました。「こうすれば受付は越えられる」「商品に興味のな
いひとには資料やサンプルは送らない」「こういう発言があったひとは決
まる」「こういうひとは決まらない」など、目からウロコの連続でした。

⑸　向上心あるひとは、やがて結果を出す

　電話で注文をとることを実践しているひとに初めて巡り合ったのです
が、あくまでも電話は糸口を作ることしかできないということも学びまし
た。シートカバーは、最初は試験購入されますが、品質が良ければ連続購
入されます。修理よりも安価で済むため、ゴルフ場のグループ施設にも紹
介され、小さな輪が波紋のように広がり、それが海外にまで及ぶ様子を目
の当たりにすることができました。

　最初はゼロからスタートしたシートカバー部門でしたが、いまでは小さ
な企業ひとつ分以上の売上規模となり、二輪車への依存度もかなり低下し
て、H社は高収益企業へと転換しています。

171

6-9 製造業編
水耕栽培装置メーカー

(1) あえて難しいことに挑戦する

　最初から売りたいものを売るのではなく、欲しいひとを見つけることからはじめることの意味を体感できました。水耕栽培装置の本体は数百万円と高額ですが、数十万円の商品を加えることで、見込みがあるかどうかがつかめるようになり、売りたいものが売れるようになった事例です。

(2) 開発はテレビでヒントを得て始める

　I社は、自転車店を本業として不動産賃貸業を営んでいましたが、リーマンショックによってテナントが撤退し賃貸収入が見込めなくなったことで、水耕栽培を始めていました。自転車を扱うことで手先が器用であったこともあり、水耕栽培装置を自作し、空いたビルスペースを活用して葉物野菜を栽培しつつ、装置の販売を始めたそうです。

(3) 見込み客と冷やかし客が識別できない

　「自転車屋が水耕栽培を始めた！」と、連日マスコミで取り上げられました。遠方からも視察がたくさん訪れました。これでたくさん売れると目論みましたが、期待に反してさっぱり注文がありません。来るひと来るひとみんなが見込み客に見えてしまい、誠心誠意対応していました。
　最低でも500万円、通常では1,000万円と水耕栽培装置は高額です。興味本位のひと、かなり導入に前向きなひと、導入に際して最終判断の状態

にあるひと、みんなが同じように見えてしまい見分けがつきません。売れない理由は、相手がどの段階にあるのか、判断できないことにあるということがわかってきました。

⑷　リスクの低い商品で糸口を作る

「試すことができないと判断できないのでは」と考えました。かといって数百万円もする装置を貸し出すこともできません。そこで考えたことは、数十万円で購入できる体験用の小型装置の開発でした。

高額な装置を購入判断するひとにとって数十万円の小型装置は高額ではありません。本当に興味あるひとは試してみるかもしれません。Ｉ社では、この装置の開発を境として、高額品の推奨をやめることにしました。小型装置を体験されたひとの中から、初めて通常品の納入が決まりました。

⑸　対応ルールを作ると大型案件につながる

興味や関心があるひとにとって数十万円の装置は手頃な価格です。第１号を皮切りに、第２号、第３号と次々と納入が決まるようになりました。初めてのひとに通常品を勧めることをやめ、小型装置のみを勧めるようになり、見込み客は増えていきました。

いまや助成金を活用して、空きスペースを活用して農産品が栽培できる雇用対策の実験的事業に取り組む自治体に納入しており、さらに２基目も追加納入することができました。

また、見学者もさらに増えてきて、遠くは北海道からの視察もあり、全国に広がる勢いです。

6-10 製造業編 コンクリート二次製品メーカー

(1) 目移りは備えの邪魔をする

　販売するにあたり、施主、施工者、設計者など対応したいと考える対象者が多く、対応方法を決めかねていましたが、設計者に絞り込むことで、備えるべきことがわかってきて、自己紹介、商品説明、取引条件が決まったタイミングで引き合いが来て受注できた事例です。

(2) 売りたいが売り方がわからない

　コンクリート二次製品はＪＩＳ規格で仕様が決められているため、価格比較に陥りやすいことから、Ｊ社は、価格比較されない分野に参入したいと考えていました。どこに向かってどうやって進んでいけばよいのか、漂流状態にありました。しかし、ネットを通してときどき依頼があることから、需要があることだけは確認できていました。

(3) やみくもなダイレクトメールでは心細い

　設計者に採用してもらいたいものは、コンクリートを使った造形物です。コンクリートは独特の風合いを持ち建築用途に向いていると感じており、引き合いからきた若干の納入実績もあったことから、さらに受注を増やすことができるのではないかと、Ｊ社では期待を持っていました。
　過去に資料を作成して、リストをもとにダイレクトメールを送付したそうですが、まったく反応がなかったそうです。他に術もなく、Ｊ社は待ち

の姿勢を続けてきましたが、それでもホームページを見たひとから引き合いがあり、注文いただくことができていました。

⑷　想像してひたすら備えた

比較・検討した結果、販売対象者を設計者に決めました。どのような製作者を求めているのか、どういうものを作ってほしいのか、設計者の立場に立って考えました。それを裏返して自己紹介、商品説明をまとめました。対象者を決めたことでうまくまとまりました。

さらに、価格の決め方など、これまで確固たるルールなしに目算で行ってきたことを、誰が見てもわかるように項目や算定方法などを示すことができるようにしました。

単純なことではありますが、当たり前と思えることを文字にして引き合いがきた際に示すことができるようにしただけです。しかし、それだけで運をつかむことができました。

⑸　備えていればチャンスは向こうからやってくる

「店舗の陳列台を作りたい」。設計者は、自分の好みに合う陳列台を作ってくれる業者を探すことに苦労されていたそうです。東京都心の有名店の店舗設計を手掛けている著名な設計者で、コンクリートの持つ独特の風合いが気に入られていたようです。

ホームページをご覧になり、問い合わせを受けることができましたが、相手の立場に立って備えていたことで、相手のひとが知りたいことを、聞かれるのでもなく先回りして説明できました。いまでは設計者との信頼関係も強まり、このご縁を起点として複数の設計者とのつながりが得られたとのことです。

175

6-11 建設業編
福祉用具販売店

(1) リクエストに応える姿勢

　ひとが求めることを軽視するのではなく、どうすれば期待に応えられるかを考えること。自分の持っているモノを販売するのみでなく、ひとが求めているモノを作ったり探したりすることで、ひとから信頼され、大きく販路が開けることを体感できた事例です。

(2) ひとから期待されることで成長できる

　K社は、先行きの見通せない土木業界から撤退し、福祉分野に転換し、手摺りの取り付けなどバリアフリー工事を始めていました。後発参入であるがゆえに受注は難航しましたが、「電動ベッドはないか」「車椅子はないか」といった要望に応え、品ぞろえに加えていくことで、最終的に地域最大のおむつ販売店に成長していきました。

(3) 自分に足りないことが見つかる

　K社の営業はチラシを持って回る手法ですが、そう簡単に注文が取れるものではありません。多くは公的介護保険を活用して必要な箇所はすでに工事を済ませています。土木からの転身なのでそもそも福祉の知識がありません。しかし、K社は知識がなかったからこそ大きなチャンスがつかめたのでした。
　お客様のリクエストに応えるため、仕入先を探したり資格を取ったりと

第6章　販路開拓取組み事例

たくさん学びました。学ぶことでいま足りていないことが、業界外の目から見てより多くわかってきました。「素人だったからうまくいった」とK社社長は語ってくれました。

⑷　異業種からの参入だからこそ貪欲になれた

　電動ベッドのレンタル、車椅子などの取扱いに次いで紙おむつの販売を始めたことが、K社の転機となりました。おむつフィッターの資格を取得することで医療や福祉の施設とつながりができ、おむつの当て方など使用方法に関する相談や問い合わせが増えてきました。

　ただ、期待されるひとの範囲があまりにも広がりすぎたため、少人数では対応できなくなりました。効率的に訪問することが難しくなっていたため、優先順位に基づくルートを設定しました。簡単なことのようですが、その結果、飛躍的に訪問効率が高まりました。訪問先に対して伝えるべきこととして、K社を利用することの価値も文章で整理しました。

⑸　顧客から求められて商圏を拡大

　商品そのものは他社も同じモノを取り扱っています。そこでK社は、取引価値に重点を置きました。当時、地域で誰も有していなかったノウハウをもとに、おむつの取扱い方法をアドバイスできることを価値としました。ありそうでなかった自社の強みが見つかったのです。

　その後、おむつの当て方だけではなく、おむつの選び方や仕入れ方などアドバイスの範囲を広げ、いまは医療や福祉施設の在庫補充まで請け負うおむつのコンサルティング事業として発展を遂げています。

177

6-12 製造業編
菓子メーカー

(1) 意欲さえあれば販路はひらける

これといった特徴がなくても、やり方次第で売れるようになることを体感させていただいた企業です。知名度を高めることは、信用を高めることとほぼ同じ作業であることや、知識や実績がなくても販路は開拓できるという、希望を持たせてもらった事例です。

(2) やってみることに意味がある

L社の後継者は、もとは土木の仕事に携わっていましたが、何か新しいことに取り組んでみたいという気持ちは以前から有していたとのこと。しかし、その新しいことが何であるかわからなかったところ、市役所から食品の販売について打診があり、迷うことなくやってみようと思われたそうです。

(3) 苦労を苦痛と感じることなく楽しむ

地域の特産品として補助金を得て開発したスープでしたが、商品化はできたものの販売を引き受けるひとがおらず困っていたそうです。これといった知識や実績もありませんでしたが、不安もなかったため即引き受けられたそうです。

考えつくことは地域の道の駅や友人の紹介による観光施設の売店などに持ち込むこと。しかし、陳列してもらったからといって売れるわけでは

ありません。そういう状態がしばらく続いたそうですが、売れなくても楽しかったそうです。

⑷ 信用力向上に取り組み糸口ができた

普通にしていたら売れない商品ではあるが「売れるのか売れないのか、試してみよう」。そう考えてL社は、自社商品を地元の特産品コンクールに応募しました。たくさんの秀逸品が居並ぶ中で最優秀ではないものの、3回も受賞することができました。

補助金を活用してホームページを作るにあたり、商品のことだけではなく、なぜL社がこの商品を手掛けるのかといった思いなど、考えを文章にまとめてみました。自信をつけてイベントに参加した結果、知名度が高まり、販路も購入者も着実に増えていきました。

⑸ 飛行機、新幹線で販売できた

地域の活性化の支援とされる航空会社での機内販売や、コンクール4回目の受賞特典としての新幹線での車内販売など、L社は難易度の高い販路を開拓しています。期間限定ではありますが、こうした実績が、また次のチャンスをつかむきっかけとなり、夫婦で夢を持って起ち上げたサイドビジネスも軌道に乗っています。

当初は漂流されていたように見えましたが、いまや安定した販路を確立され、奥様は女性の起業を支援する講座の講師も務められ、次の世代の育成にも貢献されています。

6-13 建設業編
コンクリート圧送業

(1) 自分の価値が分析したことでわかった

　何もないように見えて、どの企業にも、必ず強みがあることを確信できた事例です。強みについて必要なひとに効果的に伝えることができれば、瞬く間に販路が広がり、品ぞろえも広がっていくことがわかりました。いまは当初の計画をはるかに超えて、大きく飛躍しています。

(2) 気づけなかった得意なこと

　M社は、治山ダムを建設する現場で、コンクリートの圧送に取り組んでいます。建設関連予算が縮小する中で事業転換が求められ、方向を見失っていたときに筆者の販路開拓研修に参加されました。最初は半信半疑だった取組みも、始めてみると思いのほか早く結果が得られました。

(3) みんなの予想を見事にうらぎる

　その当時、農業か福祉への転換が叫ばれていましたが、M社ではいずれも難しいとの考えを持っていました。できることは何かと考えたとき、機械の整備には自信があるとのことで、中古のポンプ車を販売するという案が浮上しました。しかし、車両の整備はできても販売する方法が見当たりません。場所も悪く知名度も皆無で、困難が予想されました。
　そこで、少し普及し始めていたインターネットに商品を乗せてみたところ、意外に早く反応がありました。

⑷　お客様の声に耳を傾けた

　成功要因のひとつは、聞かれたことに対してそれ以上の説明をすることです。聞かれた本意を理解しその本意に対して答えることにより、早速、契約がまとまりました。

　ここで考えたことは相手の考える疑問や不安です。買って後悔しないために確認しておきたいことがあり、それが質問となって表面化するのです。

　質問の多くは「すぐに使えますか？」というものでした。そこで、商品名である「中古コンクリートポンプ車」の前に「即稼働」を付けて、「即稼働中古コンクリートポンプ車」として表示したところ、問い合わせが急増し、開始初年度で事業は軌道に乗りました。

⑸　国内５番目の最後発新車メーカーに

　聞かれたことに対して的確に応えること、これを続けた結果、ホームページにもさまざまな改良が加わりました。質問されたことをブログで解説するようにしました。超専門的な解説集のような内容です。まるで字引のように、「わからないことがあってもここに書いてある」と評判となり、これまで縁のなかった企業や技術者の閲覧が増え、直接電話で質問されることが増えて親しくなっていったそうです。

　現在は中古車両の販売と並行して、日本で５番目のメーカーとして新車が開発できたのは、このブログを通してつながった縁がかなり役立っているそうです。

6-14 小売・サービス業編
文具店

(1) 顧客がイメージできると確信に変わる

　多くのひとには必要ないモノであっても、必要なひとが存在することに確信が持てたとき、競争相手の少ない市場が見えてきました。
　必要とするひとがいるにもかかわらず、必要とされる商品が提供できていないところにチャンスが潜んでいることを体感した事例です。

(2) 業界再編の危機感をバネにできた

　N店は、地元大学の門前で一般的な文房具を販売している普通のお店でしたが、通信販売や100円ショップが台頭し始めて、普通の品ぞろえや売り方では成り立っていかないという危機感を持ちました。そこで、高価格帯の筆記具やファイルを商品開発してネット販売を始めました。

(3) あきらめなければ夢も現実になる

　高級なモノを持つビジネスマンは、すべて高級なモノでそろえたいはず。しかし、筆記具については高価な海外品はあっても国産品は少ない、と常々考えられていました。
　売れるかどうかもわからない高額品を製作してくれる取引先も見出せないまま、良いモノに触れるため海外の展示会にも出向いていき、そこで運命のひとと出会ったのでした。
　高級な国産品が少ない。確かにそうだと感じられた蒔絵の職人さんがN

店店主の情熱に賛同され、住宅が買えるような価格の付けられる万年筆を製作してもらえることになりました。

⑷　10年にわたり首尾一貫した取組み

「高級な国産品を求めるひとはいる」とのN店店主の考えに、筆者も賛同しました。時計、洋服、眼鏡、靴などの身の回り品のほか、住宅や自動車などの高額品は確かに売れています。N店店主の持つ万年筆のイメージは「1億円を超える契約書のサインに使って欲しい」というものでした。さらにその契約書を閉じて欲しいというファイルまで構想されていました。

このころ筆者は、別の案件で陶器の販売に関わっていましたが、高額品を販売するには見せ方が大切であると言われており、その話をN店店主にしたところ、数日後には東京までその店を見に行かれるほどの行動力でした。そこで見せ方、売り方を教わり、売れるネットショップを起ち上げたのです。

⑸　コツがわかればさらに広がる

高額な万年筆は瞬く間に話題となりました。販売開始後、多くのマスコミに取り上げられ、ネットショップへのアクセスが急増したそうです。それを何度か繰り返す間に購入客が現れ、普通のひとにはまず必要とされない高額な万年筆が売れるようになりました。

数年遅れで、当初構想していたファイルも手がけ、上場企業の会議資料や新商品のプレス発表の資料をとじるファイルなどについて、ネットを通して、未知のひとから続々と注文が入るようになりました。こうして、N店は誰も目を向けていなかった市場を見つけることで、高収益、安定販売を実現しています。

183

6-15 小売・サービス業編
テニス用品店

(1) 安くしなければ売れないという錯覚

　お客様からの質問に耳を傾けることで、お客様の期待に応える品ぞろえや売り方が見えてきて、販売不振を克服することができました。他店にはなく、しかも利益が上がる商材を、お客様からの質問や要望によって見つけたことで、価格競争から脱却できた事例です。

(2) ネットに顧客を奪われる恐怖

　O店は、テニス用品を販売しながら技術指導を行う、よくある普通のテニス用品店でしたが、悩みは販売不振でした。ネットで価格比較されることから、「安くしなければ売れない」と考えられ、仕入値で販売することを繰り返し、売れても儲けが得られない悪循環に陥っていました。

(3) 利益につながらない仕事は心が折れる

　趣味のお店は客層が多様です。少しでも安く買いたいというひともあれば、高くても良いモノが欲しいというひともあり、その中間とあわせて大きく3つの客層に分かれます。
　O店では、顧客の中にはインターネット経由で購入した安いガットを持ち込んで張り替えて欲しいというひとへの対応で、手間暇がかかるわりに利益につながらない仕事が増えてきて、O店店長は、心もすっかり折れている様子でした。

第6章　販路開拓取組み事例

⑷　自分を頼ってくれるひとがいる

　一方で、高額品でありながら、特に詳しい説明を聞くわけでもなく、〇店店長を信じて高額品を迷いなく購入する客層もありました。数えてみると二桁もいませんでしたが、その点に着目し「最近、何か相談を受けたことはありませんか」と尋ねてみました。

　「偶然かもしれないが、足を痛めたひとの相談が多い。そのひとだけではなく、その友人、知人で足を痛めたひとにアドバイスしている」とのことでした。

　アドバイスを求められるには、求められるだけの理由がありました。〇店店長は、体育大学を卒業したことで骨や筋肉の知識を持ち、国体に出場経験があるなど、足の痛みに関するアドバイスを行ううえで、とても説得力ある経歴を持っていることがわかりました。

⑸　良さが認識できたことで品ぞろえが変わる

　足の痛みの多くは、靴の中敷を使用することで解決できるそうです。〇店店長が理想と考える一人ひとりの足にぴったりなオーダー中敷があり、それを製作できる装置を早速購入しました。

　〇店では、いままではテニスのことしか情報発信していませんでしたが、ブログを通して足に悩みを持つ方へのアドバイスを行うようになりました。その結果、テニス以外のスポーツをされる方の来店が増えました。足の痛みは靴が合わないことから生じるため、立ち仕事をされる方にまで評判が及んで、客層は急拡大したそうです。その後、売上、利益、そして心に余裕ができて、本来のテニス用品も売れるようになりました。

185

6-16 小売・サービス業編
鮮魚店

(1) 店の前を通りすぎる見込み客

　高価なカニを購入するひとは限られた客層とも言えます。P店では、高価な地元のカニをインターネットを通じて販売していましたが、あまり儲かりません。売れるには売れますが、経費がかかり利益が見込めない状況が続いていたそうです。観光地に立地することから店の前をたくさんの観光客が通りますが、高価なカニはなかなか売れないそうです。

(2) ネットは売れるが利益が残らない

　P店は、地元で水揚げされたばかりの松葉ガニを、新鮮なまま釜茹でして旅館や飲食店に納品する卸専門の鮮魚店です。小売も行っていますが、価格が高すぎてまったくと言っていいほど売れません。
　そこで、立地や商圏を問わないインターネット販売に取り組みました。しかし、自分自身が操作できないことから、外部に委託する必要があるため、かなりの経費を要していました。

(3) よく売れる、しかしこれではだめだ

　カニのインターネット通販は無数に存在します。P店の場合、地元で直接買い付けるため価格的には有利なはずですが、あまり競争力を有しているとも言えません。また、カニは冬場だけ販売できる限定商品であることから、通年で見た場合、あまり利益を上げることができていませんでした。

第6章　販路開拓取組み事例

　また、相場の高騰により旅館等への業務用卸の採算も悪化傾向にある中、本来、利益が獲得できる一般消費者に小売していましたが、期待する成果が得られていませんでした。

⑷　糸口が店でも作れた

　そこでP店では、目に見えないネット客ではなく、店前を通行する観光客に照準を当てることにしました。

　P店は西日本有数の観光客が訪れる温泉地であることから、かなりの人数が店前を通行します。ここでも、もちろんカニを販売していますが、地物のカニは高額であることから、店先に並べておくだけでは売れず、分解してパーツで焼きガニを販売してみることにしました。

　どこでもやっていることかもしれませんが、ひとや材料の歩留まりなど、当初は問題山積でした。店頭での焼きガニ販売による糸口作りから、高価なカニの反復継続客を獲得するまでの価格設定、店内誘導、試し買い誘導、そして反復継続促進と、考えられる備えのすべてに取り組みました。

⑸　まだ時間はかかるが明るさが見えてきた

　パーツの焼きガニといっても決して安くはありません。しかし、だんだんと採算に乗ってきました。その中から、それまで売れなかったカニ一杯が徐々に売れるようになりました。誘導成功です。お買い上げいただいたお客様にさらに次のカニを、また、冬場のカニ以外の季節には海産物をと誘導すべく、継続的な案内を開始しました。

　当初はほぼゼロという結果ではありましたが、少しずつリピートにつながっています。中には、高額なカニを複数、ギフトとしてお買い上げいただけるお客様も現れ、手応えが感じられています。案内の方法、送付の時期など、まだ成功とは言えませんが、試行錯誤が始まっています。

187

6-17 小売・サービス業編 カーコーティング店

(1) 訪問口実は相手を安心させる訪問理由

普通にアプローチすれば門前払いになるところ、挨拶のしかたひとつで初対面のひとに必要な存在だと感じていただけるようになることを体感した事例です。このときの経験で、面談する際に相手に必要とされる口実を考えることの効果と、どんな場合でも想定できることを実感しました。

(2) 個人が創業するにはかなり困難な業種

Q店では、カーディーラーやガソリンスタンドなど車両に関連する施設ならどこでも手掛けているカーコーティングの事業を、これから起ち上げようとしていました。Q店店長は車が好きで、仲間の多い元自動車整備士でしたが、継続的な受注が得られる確信を持てないまま船出しようとしていました。

(3) 営業経験ゼロ、それでも開拓できた

「車が好き」「整備ができる」だけでカーコーティングの仕事が受注できるわけではありません。仲間が多くても、カーコーティングは高額であり、それほど利用頻度も高くなく、事業を継続できる見込みも乏しく、Q店では新規に顧客を開拓する術を必要としていました。ただし営業経験はゼロです。そこで、まずできることから考えてみました。

立地予定の近隣に車が多そうな施設がないかと尋ねると、「老人ホーム

第6章　販路開拓取組み事例

がある」とのことでした。確かに駐車車両は多そうですが、高額のカーコーティングの客層に合うのかと言えば、そうとは思えませんでした。

⑷　役に立つ場面を相手に伝える

　最初は、粗品を持ってご挨拶に伺うこと以外思いつきませんでしたが、門前払いになることが目に見えています。そこで、どのようなときにQ店が役立つのかを考えてもらうことにしました。たまたま別の事例で「老人ホームの車両は送迎する際に嘔吐されるひとがおり掃除が大変」と聞いたことから、その点に絞ってご挨拶してみてはどうかとアドバイスしました。

　効果はてきめんでした。訪問後1週間のちに車内の清掃依頼の注文が入ったそうです。老人ホームなどの福祉施設はどこも人手不足です。職員が清掃するよりも外部に依頼したほうが効率もよく、その目論見は見事に的中しました。

⑸　口実でカーディーラー、ＧＳとも取引できた

　老人ホームからの依頼は車内清掃のみならず、真面目な仕事振りも相まって、ボディーの洗車やコーティングにまでつながりました。口実を考えることで、その後、カーディーラーや主要なガソリンスタンドからも依頼してもらえるようになり、順調に仕事が増えました。

　Q店店長は、もとはゆずの農家出身であったことから、老人ホームなどを訪問する際の粗品に、ゆずを選んだことも幸いしたのかもしれません。そういう粗品はまず見ることはありませんし、素朴で穏やかなQ店店長の人柄が伝わり、かなり警戒心が和らいだものと察しました。

189

6-18 小売・サービス業編
日帰り温泉

(1) ひとは基本親切であることを立証

　知識や策がなければないなりにお客様に問うことで打開策が開けることを学びました。

　継続して利用してもらえるように組織を作り、そこに参画してもらえるひとと共に、より良い店作りを目指すことで、ひとがひとを呼び込み、集めることができることを確信した事例です。

(2) 何もないことが成功できた理由

　R店店長は先代より老朽化した日帰り温浴施設を引き継ぎましたが、資金もなく改修の目処も立たない中で、先行きを不安視していました。引き継ぐ前は都会で自動車の設計をしていたことから、後継者と言えども観光やサービスに関する知識はありません。R店店長は知識がないことを自分の弱点と考えていました。

(3) 誰が賛同者たるかをイメージした

　ここ数年じわじわと利用客が減少していたため、R店店長はその打開に向けて有名温泉地を視察したそうです。しかし、その真似をしようとしても先立つものがなく、方向性が見失われていました。何かしなければいけないが、何をすればよいか定まらない苦しい状況でした。

　筆者が着目したのは「期待感」です。当地の歴史ある温泉や近くにある

名勝は、街のシンボルとして地域のひとたちに愛される存在でした。恐らく誰もなくなることを喜ばない、愛されている施設だからこそ、その存続を期待するひとが存在すると考えました。

(4) 想像してみたが無理がない

まずは受け皿を作ることから始めました。この日帰り温泉施設に期待を寄せ、支援してくれるひとが集まるサークルのようなものです。芸能人やスポーツ選手などのように応援するひとが集まるファンクラブのような組織を、この温泉に合うようにイメージしてみました。

次に、ファンクラブに加わる特典を考えました。コストがかからず、ひとがひとを集めることができる方法として、入浴券や施設に要望できるアンケートなど、特に珍しいものではありませんが、この施設にひとが集まり、現状で実施できる方法を提案しました。

(5) 賛同者が支えてくれている

予想を超えてたくさんの会員が集まりました。会費が必要なのですが、その会費を払っても参加したいというひとが、ほぼ3年間でなんと5,000人も集まったのです。その中の数名は、さらに具体的なアドバイスをいただくために、ときどき集まって会合を開いて施設のあり方や料理などについて議論しており、当施設はそれを実行するのみです。本来、高額な報酬が必要と思われる女性建築士や料理研究家がアイデアを提供してくれました。

安定収入が得られるようになったことで融資も実行され、施設改修も終え、要望の多かった宿泊棟も新設し、いまやR店は、たくさんの予約をいただき大繁盛しています。

191

6-19 小売・サービス業編
コンサルタント

(1) 潜在的なノウハウが見事に開花

　優れたノウハウを有していたとしても、相手に示すことができて、価値が伝わらなければ販売が実現しない、反面それができれば仕事につながることを実感した事例です。
　自分の持つノウハウを求めるひとが確認できれば、それを提供する方法を考えること。今回はそれが「セミナー」でした。ノウハウをテキストとして可視化することで受注に結びつきました。

(2) もともと趣味が高じて本業に

　コンサルタント業を営むＳさんは、過去に上場を目指す企業で広報の仕事をされていたそうです。趣味としていたマジックを仕事にしようと考えて、結婚式や企業の新商品発表披露の場などを盛り上げるイベントを手掛けていましたが、中小企業を支援する仕事を始めたところ、大反響が得られました。

(3) 苦難があったからこそいまがある

　筆者が初めて出会ったときのＳさんの印象は、"あやしいマジシャン"でした。ポケットから１万円札を出す瞬間芸は、ひとを十分に惹きつけるものでした。マジックの仕事はその後反響を呼び、まとまった収入に結びついていきました。

第6章　販路開拓取組み事例

　ところが、順風満帆になりかけた矢先、東日本大震災が発生しました。自粛ムードの中、イベントは中止され、予定されていた仕事のほぼすべてがキャンセルになったそうです。それでも生活の糧を得るため、Ｓさんは必死に今後を模索されたそうです。いまとなってはなつかしい思い出となりましたが…。

(4)　特技と商品は、まったく異なる

　マジックは、ひとを楽しませるだけではなく、ひとに興味を抱かせる効果があると筆者は思いました。中小企業の多くは、価値のある商品を有していても、それをひとに伝える術を有していません。そこに仕事の需要があるのではないかと考えました。そのころ行っていた経営改善の研修に招き、ノウハウの可視化を支援したのです。

　取り組んだことは、テキストを作ることです。１、２時間程度で商品の価値を伝える方法を解説するのです。Ｓさんは前職でプレスリリースの経験があったことから、マスコミの事情にも通じていました。そして誕生したのが、お金をかけずに宣伝する方法を教えるセミナーです。

(5)　広報支援コンサルタントの第一人者

　Ｓさんは、ひとに価値を伝える方法をノウハウとしていたことから、自分自身の価値を伝えることはお手の物だったようです。その後、その価値は、ひとからひとへと伝わり、瞬く間に全国の商工会や商工会議所などの支援機関へと広がりました。

　かといって安閑としているわけではなく、毎年のようにテキストをバージョンアップしています。新しい情報を加えるために並々ならぬ努力を重ねられており、その価値が理解できる支援機関からさらにリピートが繰り返され、いまでは忙しい日々を過ごされています。

193

☞第6章のまとめ

・中小企業白書によると、販路開拓を行う際の課題とされているの
は「新規顧客へのアプローチ方法」「販売すべきターゲット市場の
選定」「商品・サービスのＰＲ」とのことですが、本章で紹介した
19社にもそのまま該当します。

・苦戦していた19社はいずれも同じ課題を抱えながらも、わずかな
ヒントを頼りに、あきらめることなく努力を継続された結果、課
題を克服できています。

・商品もありきたり、これといった特徴もない、そもそも経営の知
識や自信もない企業でも、成功するひとは成功することがよくわ
かります。

・各事例を自社に置き換えて、何かヒントをつかんでもらえること
を期待します。

第7章

販路開拓の意義と支援の担い手

　我が国における中小企業の多くはいま、販売不振、資金繰り難、赤字経営に苦しんでいます。つまり、それらの企業にとって販路開拓はまさに喫緊の課題です。ところが、ひと、もの、かねに限りのある中小企業では、販路開拓への取組みに限界があります。そこで求められるのが、外部の支援機関、金融機関、士業・専門家による販路開拓アドバイスです。本章では、それぞれの担い手がどのように販路開拓に取り組むべきかをまとめています。

販路開拓の主役は、経営者や販売部門の管理者です。そして、企業が取り組む販路開拓を支援する立場にあるひとにも販路開拓のノウハウが必要とされます。企業支援にはいろいろなタイプがありますが、次に掲げる理由によって、あまりうまく取り組めていないようです。

・自分が営業を経験したことがない
・業界や商品に関する知識が乏しい
・課題が多すぎてどこから手をつけてよいかわからない
・理想はあったとしても実践することが難しい
・努力はしてみるがあまり成果が感じられない

　かつての筆者自身もそうでした。販路開拓を行う企業の業界のことがわからないだけでなく、その企業のことも、商品・製品のことも、本当の意味で理解できていない中で、「販売方法をアドバイスして欲しいと言われても」と困惑することが多くありました。

　しかし、実際に携わってみると、むしろ業界や商品・製品のことを知らないがゆえに良いことがあることに気がつきました。固定観念を持たないことのメリットです。

　商談や取引は、常に"ひと対ひと"で行われる。

　企業支援に携わるひとのうち「公的支援機関」「金融機関」「専門家」に対してアドバイスが期待されています。多くの場合、過去の体験や本などによって学んだ知識に止まって断片的なアドバイスになりがちですが、本書で紹介した原理原則を踏まえれば、固定観念や業界慣習にとらわれない有益なアドバイスができるようになります。

　本章では、販路開拓に携わるそれぞれの立場のひとが、期待に応えられるアドバイスがより多く行えるように、基本的な考え方と方法を説明します。

第7章　販路開拓の意義と支援の担い手

7-1
公的支援機関

(1)　伴走型支援体制の構築

①経営発達支援

　公的支援機関は、小さな企業を支援するために税金で賄われて運営している社会の公器であり、インフラとも呼べる存在と考えています。良い支援が行えれば、地域の企業が発展し、雇用や税収を得ることができるようになります。しかし、相変わらず倒産や経営不振にある企業が多く、これまで以上に効果的な支援が求められています。

　平成26年に小規模事業者支援法が改正され、経営発達支援がスタートしています。「経営発達」とは耳慣れない言葉ですが、小さな企業の売上や利益を向上させることで、主に販路開拓を支援することをその内容としています。

　公的支援のうち経営発達支援計画の認定を受けた商工会または商工会議所は、年間計画に基づいて販路開拓の取組みを支援しています。小規模事業者を対象とする持続化補助金の創設も相まって、相談件数が伸び、経営状況分析や事業計画策定支援に取り組まれています。こうした支援の一連の流れは、「伴走型支援」と呼ばれています。

②伴走型支援

　支援には、手段と手順が求められます。経営発達支援計画を策定するガイドラインにおいて、手段は経営状況を分析すること、経営状況に基づいて事業計画を策定支援すること、計画策定後に事後支援することと最低限の手段が決まっています。しかし、どうやって経営状況を分析するのか、

197

事後支援とは何をすることなのかについては、いまだ手探り状態が続いています。

③支援の標準化

すでに標準化が始まっています。筆者がうかがっている商工会や商工会議所では、すでに支援の取組みが始まっています。データベースを構築して支援の見込み先を把握し、一定の手順に即して事業計画を策定支援し、限られた時間を駆使して目標達成に向けた効果的なフォローアップが実施されています。

公的支援機関もひとつの事業体です。見込み客を見つけサービスを提供し、相手に喜んでもらって、また利用してもらうと考えれば、企業も公的支援機関も取り組むことは同じです。そのことを理解された担当者が、販路開拓の原理原則に基づいて支援体制の構築を始めているのです。

筆者は「自分たちにできないことは、ひとには教えられない」と考えて、ひとの支援をする前に、まず自分たちがサービスを継続的に提供する仕組みを作るべき、と伝えています。これは、公的支援機関のみならず専門家も金融機関もみな同じです。

経験が最も説得力を持ちます。経験したことはとても上手にひとに説明ができます。ひとに教える前に、まず自分が経験することが大切です。

(2) 取組みのポイント

①自ら体験すること

地方の公的支援機関はセミナーのひと集めに苦労されています。仮にひとが参加したとしても経営状況分析や事業計画策定支援まで誘導することが難しいとも言われています。

しかし、どうすれば見込み客が増えるのか、どうすればサービスを利用してもらえるのかを考えることで答えが見えてきます。成功体験が次の挑

第7章　販路開拓の意義と支援の担い手

戦へのモチベーションを高めます。経験に基づいた説得力あるアドバイスがひとのやる気を高め、心を動かします。

②標準化すること

　組織の宿命として、転勤や配置転換があります。一つのことを続けてできるひとばかりではありません。公的支援機関はやっとわかってきたころに仕事が変わることが多い職場です。

　だからといってそのままで良いわけではありません。民間の一般企業であっても異動はあります。その問題の解決手段は「標準化」です。取組みの目的や目標に基づいて手段と手順を決めます。最低限のルールを決めておけば、慣れるまでの時間がかなり短縮できます。

③学ぶ機会を作ること

　小さな企業は、まず人手が足りていません。何か新しいことに取り組もうとしても方法がわからないこと以前に、時間が取れません。それ自体は正しいのですが、そこに目を向けてしまうと支援する機会が限られてしまいます。

　第6章で企業の販路開拓の取組み事例を複数紹介していますが、いずれも人手や時間が限られている企業ばかりです。必要とされている企業がたくさんあると考えれば、支援する機会は必ず見つかります。

④気づきが得られること

　聞いてためになるセミナーはたくさん開催されています。しかし、ひとの行動を変えるほどに至るまでのセミナーは限られていると感じます。ひとはひとから教わるだけでは、あくまでもひとの話と受け止めて、前提条件の違いを理由に、聞いた話を活かそうとは考えないものです。

　筆者は、セミナーと研修を分けて考えています。研修は自分で作業してみることです。わかるはずのことがわからない、できるはずのことができ

199

ないと気づいたときに、行動が変わります。気づきが得られる機会をより多くのひとに提供してほしいと思います。

⑤気にかけること

公的支援機関は、限られた少人数の担当者がたくさんのひとに対応しています。そのことは、支援を受けるひとも理解しています。そのため、たくさんの中の一人だと思われていると感じていることが多く、真に頼りにするまでの信頼関係が持ちにくいと感じられています。

特段、時間はかかりません。その後、どうなっているかを問うだけでも気分が違います。気にかけてもらうことにひとは心地良さを感じます。気にするだけで着実に信頼関係が強まります。

7-2 金融機関

⑴ 時間的制約の中でできること

①頼りになる相談相手としての存在感

金融機関にも企業支援の役割が期待されています。金融庁は金融機関に対し、担保・保証に依存しない企業の事業性評価に基づく融資や、企業の経営改善・生産性向上等の支援に積極的に取り組むよう促しています。

中小企業において頼りになる相談相手として、税理士などの士業に続いて金融機関が支持されています。

こうした中、とある信用金庫の得意先担当者研修に関わる機会があり、そこで感じたことを中心に、アドバイスさせていただきます。

第7章　販路開拓の意義と支援の担い手

　時間的な制約の中で、得意先に対して何が貢献できるか、真剣そのもので
した。経営状況分析のシートに基づく演習でしたが、要領をつかむこと
で、有益なアドバイスが短時間で行えるようになりました。そこで、アン
ケートをいただきましたが、「方法がわかって良かった」というものが多
くありました。より多くのひとが方法を学ぶことで、もっと期待される役
割を果たすことができるようになると実感することができました。

②アドバイスの目的は行動の変化

　金融機関にかかわらず、支援する役割を期待されているひとが、すべて
方法がわかっているわけではありません。経営分析もそうですが、販路開
拓について言葉ではわかっていても、アドバイスの方法を学ぶ機会は、そ
れほど多くありません。

　アドバイスは、かなり学ばなければできないと感じているひとも多いよ
うに見受けられました。経営したことがない立場で、実際に経営されてい
るひとに対して、上からアドバイスすることは、気が引けるようでした。
それは、当然です。

　ただ、アドバイスの目的は、行動の変化です。そう考えれば、教えるこ
とよりも気づくことが大切です。気づきは質問することから得られます。
質問で、答えられるはずのことが答えられないとわかったときに、ひとは
足りないことに気づくことができます。

　販路開拓の原理原則を学ぶことだけでも、かなり質問できることがあり
ます。たくさん質問して、多様な答えを聞くことで、かなりの知識が蓄積
できるようになります。

　質問しなければ会話も成り立ちません。「場数を踏む」とは「たくさん
質問する」ことです。答えを知らなくても、たくさん質問することは誰で
もできます。場数を踏めば、少しはアドバイスできるようになってきて、
相手に喜ばれれば自信もついてきます。

201

(2) 取組みのポイント

①対象を特定すること

「このひとの力になりたい」と思える取引先があれば、そのひとを支援します。はじめのうちは、1つか2つ、少ないほうがよいと思います。自分で疑問点を持ってみましょう。「本来であればこうであるはずだが」と仮説を持って質問します。これを繰り返していくうちに、相手に気づきを与え、自分も知識が深まります。繰り返すことで知識に深みが増し、連続性ある理解が進みます。そのため「広く浅く」ではなく「狭く深く」質問することが効果的です。

②目標を持つこと

一過性ではなく、継続性や連続性のある支援によって、支援の全体像がつかめます。目標を定めることによって、まずは進捗がわかり、改善すべき点も見えてきます。目標のない努力には終わりがありませんので、達成を確認することもできません。

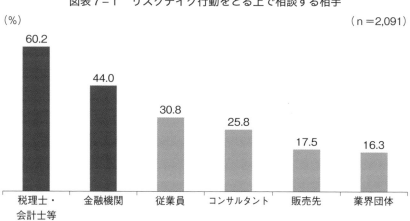

図表7-1 リスクテイク行動をとる上で相談する相手

(出所) 中小企業庁調査室「2016年版中小企業白書」

第７章　販路開拓の意義と支援の担い手

　目標を立てれば、達成した際に喜びを共有できます。達成することができれば、次の目標を立てることもできます。達成可能な小さな目標を立てること、これも立派な支援です。

③よく理解すること

　経営者からお聞きする金融機関職員に対する不満の１つに、「自社のことがわかっていない、それどころかわかろうともしていない」というものがあります。そのような考えを持つ経営者は多く、実態がわかっていないひとにアドバイスは期待できないとも感じています。

　まず理解すべきは、企業が扱っている商品やサービスです。次いで客層や販売方法で、それらに優れている点があるからこそ、現在も経営が維持できています。聞いてくれるとわかれば、いろいろな話をしてもらえます。

④問うことを知ること

　「販路開拓の原理原則」は、成功する方法を知る目的よりも、足りないものを見つけるために考えたものです。その中には、必要なことに気づいたことによって成功できた着眼点がたくさんつまっています。この中から、知りたいことや疑問点を見つけて質問してください。

　質問は、経験や知識がなくてもできます。繰り返すことで、答えが想像できるようになります。その想像が仮説を立てるときに役立ち、アドバイスにつながります。

⑤うまくつなぐこと

　販路開拓には協力者が必要です。協力には、単に取引先を紹介するのではなく、アイデアや情報を提供してもらえるひとの紹介も含まれます。

　たくさんのひとと出会う金融機関の職員は、協力者を紹介できる立場にあります。しかしリスクもあります。紹介は、他人本位なひとに限るべきです。紹介する側の立場も踏まえて、ひとに迷惑が及ぶことをしないひと

203

のみとします。自分本位で自己中心的なひとの紹介は、トラブルの原因になります。無防備で安易な紹介はやめましょう。

7-3 士業・専門家

(1) 事業計画策定支援の限界

①予測をもとにやるべきことを整理する

事業計画策定支援は、従前から取り組まれていましたが、公的支援においては、平成11年に施行された中小企業経営革新支援法によって本格化しました。現在までに改正が繰り返されて「中小企業等経営強化法」に名称が変わり、小規模・中小企業の経営革新や生産性向上の取組みが継続的に支援されています。

しかし、せっかく立案した戦略も、うまく遂行できておらず、途中で挫折するケースも多く見られます。中には、補助金の採択のみを目的とした事業計画も見受けられ、設備の導入で完結してしまう支援も増えているようです。

事業計画は、未来を想像して描く作業によって作られます。経営革新は、ひとによって異なる意味に受け止められますが、筆者は、**数年先の経営環境を予測して、いまできること、やるべきことを整理する**ことであると考えます。これまで、予測に基づいて、品ぞろえや売り方を考えて、理想に近づいていくための取組みをまとめる作業を支援してきました。

②前提条件は常に変わり得る

第 7 章　販路開拓の意義と支援の担い手

しかし、そう理想通りにはいきません。予測したことが変わると前提条件が崩れてしまいます。そうなると事業計画は役割を終えてしまう場合もあります。そこで軌道修正が必要になるのですが、その支援ができる機会は限られています。

つまり、計画策定後のフォローが必要です。前提条件は、当然のように変わります。考えたことがすべてその通りになることは、まずありえません。予測はあくまでも限られた情報の範囲内での仮説にしかすぎません。

未来も、時間を経過すれば、やがて過去になります。そのため一定間隔で検証する必要があります。

③専門家に期待される分析力

小さく分けて深く考えることを支援します。これからの専門家には、分析が期待されています。おおまかに考えるのみでは、真実に近づいていきません。商品別もしくは顧客別に区分して、その量と質を正確に把握することで、より高い精度でものごとが判断できるようになります。

専門家に対する支援ニーズは、戦略から戦術や管理に変わってきています。「方向性はわかるが、やり方がわからない」という相談が増えてきています。そのうえで、連続性や継続性ある検証と軌道修正を目的とするフォローアップに取り組めば、支援先にとっては、なくてはならない存在になることでしょう。

(2)　取組みのポイント

標準化を進め、管理体制の構築を支援します。販売活動における理想を実現するために、必要な取組みを絞り込み見本を示すことが歓迎されます。

①取組み手順を示すこと

販路開拓は、その実現まで息の長い取組みとなります。思いつきのアイ

205

デアで部分的な努力をしても、なかなか結果が得られるものでなく、また、結果が期待できないことには取り組む意欲も湧きません。そのため、起承転結、取組みの流れをまず説明します。

　何から始めてどこで終わるのか、その結果どのような成果が期待できるかがわかるように全体像を示します。まず、やってみようという気持ちにならなければ、どんなアドバイスも実行に移されません。

②小さな目標を立てること

　みんなが全て売上を倍増させたいわけではありません。製造能力に限界があるなど、販売には限界があるからです。小さな目標すら達成できないようであれば、大きな目標も達成することはできません。小さな目標を立てるところからはじめます。

　大きな目標も小さな目標も、達成を目指すことに変わりはありません。小さいほうが達成感を味わうまでの時間が短くなり、より多くの成功体験を積むことができます。

③達成手段を共有すること

　アドバイスを行う側と受ける側では常識が異なることが普通です。アドバイスする側が「これくらいは知っているだろう」「わかるだろう」ということと、実際にわかってできることにはギャップがあります。その反対もあり、無理かなと思ってもできることも多々あります。

　できるかどうかは、実際に一部やってみることでわかります。チラシであれば、作成しようと考えるチラシの記載項目やレイアウトの説明を受けます。そうするとすぐにできるかどうかがわかります。

④可視化の意義を理解すること

　ほとんどのひとは、文章が苦手です。商品の良さを伝える手段としての文章だけでなく、言葉にすることも得意ではありません。分析も苦手です。

分けることの必要性に気づいていないひとも多く、気づいたとしても分け方がわからないというひとが多くいます。

　最初のうちは、あいまいなこと、わかりにくいこと、間違えやすいことを定義して文章にしてみることの意義を感じてもらい、必要性を体得されてから分析を進めます。

⑤相談を広くとらえること

　相談とは、不明な点を尋ねてそれに応えるだけでなく、広くとらえるべきでしょう。そうすることで、より互いの考えが深く理解できるようになります。その最たるものが報告です。報告したくなるようなことが生じた場合、誰しもひとに伝えたくなります。

　その報告によって、喜びを共有できるだけでなく、次の目標を考えることもできるようになります。報告は、わからないことがなくてもできるコミュニケーションです。

☞第7章のまとめ

・わが国のほとんどの企業は、小さな中小企業であり、そのうちの
かなりの企業が、販売不振、資金繰り難、赤字経営に悩んでいま
す。
・特に事業承継は深刻な問題です。売れない赤字企業を子息に継が
せることに不安を感じてしまっています。つまり、売れないこと
が企業存続の根幹的課題となっています。
・人口減、経済縮小が見込まれる中、より多くの企業に存在が望ま
れ、支援する役割を担うひとに対して期待が高まっています。企
業支援のほとんどのテーマは、販路開拓です。
・販路開拓について、本書で学ぶだけでなく、ぜひ実践してみて、
支援のおもしろさを体感してもらうことを期待します。

参考資料

図表5-2 適性評価シート（記入例）

適性評価 シート

■販路形成イメージ

		商談対象者	対象者に影響を及ぼす対象		選定商品
選定	志向	新たな商材を開発し、従来にない提案で既存客を掘り起こしたい	志向	近隣に迷惑をかけていることは自覚し、または迷惑を回避したい	品名
	属性	工務店、建材卸等 建築関連会社	属性	迷惑な音源を有する住宅の施主	遮音・防音・吸音壁材 〇×△□
	理由	楽器演奏などのスタジオや一般の戸建て住宅、マンションなど	妥当性	ひとにかかる迷惑をできるだけ少なくするために費用を惜しまない考えを持つことが得え提案材料となりうる	選定
非選定	理由	個別でなく、まず商社等拠点開発を優先するため	影響	対策をとりたいが、高額すぎてできない現状	理由
			理由	対応しているメーカーが極一部に限られているため	非選定

選定商品 理由：一定水準をクリアでき性能を有しながらも従来競合品よりも30%低価格であり競争力を持つため

選定商品 非選定理由：当社は、壁材の原板を加工して納入しており、比較対象となる製品は有していないため

■自社分析

	商品開発力	顧客対応力	支持される要因	誇れる実績
①	国の補助を得て十分な性能を有する製品を製造できる技術力	短納期で納品できるよう、短納期の在庫量と協力物流網	一定水準をクリアする品質の壁材が低価格で提供できること	騒音問題を抱えながら解決手段が見出せなかった電気メーカーP社
②	実証実験を重ね、様々な疑問に答えられるエビデンスを持つ	製品説明だけでなく音源に基づく対策を提案できる社内	疑問や要望に即答できる社内体制と社長が専門的知識	（権威ある）銀行女性ビジネスブランコンペティションのファイナリスト受賞

■商品分析

		相違点	商品分析
従来	①	試験的な試作品は、一定の効果が得られるものの使用に耐えられない水準	一定の効果が得られる騒音問題を、極めてリーズナブルに解決することができる
	②	効果に十分な満足を得られない場合、割高感を感じてできた	施工実績が増えて量産効果が高まれば、割高感はより多くの利益を享受できる
他社	①	十分に期待できる性能を得るものは、効果に満足しやすく高価すぎるため	低額で施工提案でき、既存取引先に早期に提案が得られる
	②	施工に特別な技術を要することが多く、一般の施工会社では対応不能	従来の住宅断熱材などと同等の技術でき、特殊な技術が必要とされない

■商品理解

	開発経緯、理由	支持される理由/売れる根拠
いつ	平成〇年ごろ音楽関係者から楽器メーカー一同等品を安くできないかと打診される	
誰が	住宅分野に代わる新たな商材の開発を必としていた社長が音の将来性を感じて	
なぜ	専門的知識を必要とし、社会的需要も顕在化していなかった商機を感じた	
どのように	〇〇氏、〇〇県研究施設などからの支援 〇〇氏の助言や専用の試験設備を持つ	

209

図表5-3 アプローチシート（記入例）

■リストアップ

情報源	一般的なデータでなく、つながりを重視する。取引先商社や既に取引のある工務店等からの推薦によって抽出する
選定基準	比較的、高価格帯の施工が多く、5名以上の従業員規模で、近年、新規商材を手がけていないところ

■口実・投げかけ

		内容	背景・理由
利用場面	①	近隣騒音対策に関する相談を受けたとき	音源や音質を特定しなければ防音対策はできない
	②	楽器を趣味とする施工が存在し、相談は少なくない	市街地などでは、音をまったく気にしないひとは少ない
質問・教授	①	音に関する相談にどのようなケースがあるか	住宅施工する場合、少なからず相談を受けている
	②	近隣で施工代理店を探しているのがその可能性	新規商材を模索していない工務店等はむしろ少ない

■購入見極め

		内容	背景・理由
買う	①	自社で対応可能かを判断する情報を要望	プロセスやリスクを知ろうとすることは前向きな証拠
	②	現在、具体的な案件を開示していることを開示	早期に実証できる可能性が高く商談が進みやすい
		後継者がいるも、次の展望が描けていない	試行錯誤を開始する時期にあたり、冒険しやすい
買わない	①	既に新規性ある商材を手がけることは	結果が得られていないうちは次を手がけづらい
	②	グループに属しており、他を排除する姿勢	常に周囲に同じ、仲間を信じ、新たな接点を持たない

■スタートイメージ

想定	①	商品を理解されること、見込み客をイメージすることのために必要なタイムスケジュールを想定する
	②	顧客リストに基づいて、可能性ある先をリストアップして同行にてリフォーム提案する。顧客の反応を確かめる
	③	初期施工は当社担当者が立会い、施工を完結すると共に、見込み客へのアプローチ方法をアドバイスする
依頼		販売着手までの平均期間3ヵ月 15日程度の時間捻出と、既存顧客のリスト化。可能な範囲でのリサーチ
負担		5回程度の出張費などの経費負担。建築以外の音に関する専門的知識の習得。未取引先へのアプローチ

■意思決定

		拒絶理由	返答・対応
	①	施工費を考えたら、施主が納得できる金額が	納得頂ける施主を見つけるしかない、それを手伝う
	②	商品自体は気にいったが契約までつなげられるか量不足を感じる	過去の営業経験から、求められればアドバイスできる

■継続見極め

		内容	背景・理由
続く	①	自ら見込み客を探し、アプローチ方法を想定する	自分で考える習慣が身につき、販売を組み立てられる
	②	多様な見込み客を想定できる	リストが多く抽出できれば、場数が多く踏める学習できる
続かない	①	他力本願の姿勢ばかりがうかがえ、依存ばかりが本位がかいまみえる	自立心を持たなければ当社の負担を大きく、自分本位が難しくなる可能性が高い

図表5－4　商談イメージシート（記入例）

商談イメージシート（記入例）

区分	心理段階	項目	提案対象者 新たな商材を開発し、従来にない提案で既存客を掘り起こしたい工務店 **企業プロフィール**	提案商品 高い性能を有しながらも従来競合品よりも低価格で競争力を持つ遮音壁材　○×△□ **商品プロフィール**
認知	警戒心 （ひらたくいうと）	概要	高気密、高断熱の次を提案する	音を選択することで住空間を快適に
		選定理由 （取引志望動機）	同業他社と競合しにくい分野のリフォームを共にするメーカー 価格帯と潜在的ニーズが比例	一定の需要が見込めながら対応できていない音のリフォーム提案 規模、体制、顧客層が理想的
	好印象	特徴（自社・他社比較）①	優良住宅を多く手がけられており楽器の音に悩む施主が見込める	このエリアではじめてご案内できたが、防音に最も適している企業
		②	高い性能より手に届くことを優先 一定水準をクリアする品質の遮音壁材が低価格で提供できる技術 建材メーカーから転換できた	豊富な施工ビデオンスで証明できる 一般生活で求められる騒音問題を極めてリーズナブルに解決する 未経験の工務店様でも手がけやすい
理解		活用方法 （どのような場合）	疑問や要望に即応えられる社内体制と社長が専門的知識を持つ 知識がなくても提案できる	従来断熱材と同等技術の施工で特殊な技術が必要とされない 見込み客が見分けやすい
		活用利点 （取引・利用価値）	既存顧客に対して音に関する新たな提案を行う方法を習得できる 独自で騒音問題解決は未だほぼ不可能 国の補助を得て培った製品。技術力、専門的知識が活用できる	迷惑をできるだけかけなくするために費用を惜しまないひとに提案 コストパフォーマンスが評価される
賛同	信頼感	おさとり・経緯 （ヒストリー）	困っているひとの存在に気づく 音楽関係者より楽器を安くできないかと打診される	楽器や音楽などに起因するトラブルの解消にかなり貢献する 建築分野では未知の商材
		実績 （導航・高評価）	世に問われることに挑戦してしている ○○新人女性ビジネスプランコンペティションのファイナリスト受賞	ニーズがありながらも、意外に手がけている競合が少ないため参入 必要なひと増えることで価格化が普及につながる
期待感		目標 （努力と工夫）	協力店に問われることに出会える 取り扱える協力店を増やすことで生産量、施工体制を増強	騒音の解決策を探していた上場Ｐ社への納入や施工協力会社 量産化することで価格が下がり、より多くのひとの役に立てる

図表 5−5　商談モデルシート（記入例）

商談モデルシート

■懸念

項目	疑問・質問	質問の意図、本音	適正な回答、対応	必要な対策、備え
適性	当社のように音の専門知識を有していないところでも大丈夫なのか	簡単というところがあとで大変な思いをすることになり、見返りが得られない	疑問があってもなくても月1回3カ月は訪問し、そこで疑問を解消可能	どこに疑問や不安を感じるか、つまづく箇所を記録をとる
品質	板一枚で、そんなに防音っているようだが効果が得られるとは考えにくい	色ムラーは揃っているようだが、その意味が理解できず嘘に見える	一度工場見学に来てもらいリ、ングルームの吸音効果を体感頂く	視察、現場実験、ビデオ視聴等理解頂ける段階の設定
価格	低価格とはいうが住宅パネルの2倍かけて施工するだけのメリット	自分なら効果がならざるを得ないもの	競合他社が高くなるらざるを得ない理由 当社品が低価格可能な理由	客観的にみて比較できる資料
対応	サポートするというが、どういうことをどの範囲で支援してくれるのか	最初はうまくいっていって、実際に取扱いをはじめたらほうがいらか	実施時期、サポート項目などのスケジュールを決めるスタートする	サポートメニューをタイムスケジュールを標準化する
疑問	このエリアに競合が生じる可能性があるのか、それとも独占できるか	苦労して顧客を開拓しても、あとから参入してくれば報われなくなる	独占の考えは良いが、一定期間に一定量出れば他への販売はしない	量産化による効果と期待する量当りの量を設定する

■商慣習

項目	疑問・質問	質問の意図、本音	期待できる情報	情報の活用
適性	新規商材を導入する際の障害や不安な点、意思決定の判断基準は	今後見込み客を識別するにあたり、見分けるための基準を知ること	投資、見込負担、費用負担、期待利益、作業負荷など取引案件の基準がわかる	当社の都合ではなく、相手の事情を考慮した取引に反映
品質	遮音効果のある建築資材の認識の程度やどこまでの性能を期待	過去において、音に対してどの音の問題意識を有していること	音の問題解決を有する工務店等の共通する属性、商環境がわかる	立地や施工案件などの共通項目が次々に展開
価格	施工に受け入れられる施工工賃額、それに伴う資材納入価格の適正	当該企業の価格に対する価値観、価値感がわかり参考に資する	中小工務店でも無理なく扱える規模と単価単価の水準がわかる	量産化後に低価格化する製品単価設定の参考とする
対応	担当社員の配置有無を想定でき、その前提条件は何で決まるのか	片手間営業では結局のところ注文に至らず担当専属の有無	どの程度の規模なれば専属配置する決断ができるかの目安	理想的な代理店のあり方を想定する上での数値目標
手順	新規受注や施主OBのフォローなど、頻度や手段などの進め方は	手段や手順を知っている、組織的な体系の有無	通常の工務店営業の内容を把握できるかのフォロー	求められていること、いないことを峻別しメニュー化
基準	この件に限らず、新規事業や商材導入において可否をどう決めるのか	ものひとつの以外の要因がわかり、諸事情が知りたい	想定していないいろいろなロジックがわかること、必要なフォロー	断られる理由を先回りして、決断を促す交渉材料が充実する

おわりに

　約10年前から、販路開拓の支援手法の標準化に取り組んできました。それより3年くらい前に、標準化に着目しました。自分が関わったひとたちが、たくさん成功されるのを目の当たりにしたことで、標準化することができると確信できたからです。

　経営支援には、いろいろなテーマがあります。経営革新、経営改善、事業承継などです。

　しかし、いずれもうまくいかない原因は、モノが売れないことにあります。そのことに気づいたことで、これからはこれまで以上にモノが売れるようになるための支援が求められるのではないかと考えました。

　モノが売れないということは、事業が継続できないことを意味します。不景気であっても販売好調な企業が多くあるように、景気が悪化するから企業がなくなってしまうわけではありません。景気が良ければ、すべての企業の販売が伸びるわけでもありません。営業力のある企業は、外部環境に左右されず、むしろ逆風を追い風に変えることさえ行われています。

　せっかく良い商品を有していても、売れない企業は売れません。宝の持ち腐れと言えます。そこに支援の必要性があります。

　本書で紹介した事例の中には、販路開拓の出発時点に商品を有していなかったケースもあります。販路開拓に取り組む過程で売れる商品に気づいた、建設業が違う業種に参入した、同一商品をまったく異なる客層に販売できたなど、何かきっかけをつかんで大きく飛躍されている例があります。商品の有無も、販路開拓の成否には関係ないのかもしれません。

　本書は、ひとによっては基本的すぎて役に立たないと感じると思います。本書では小さな企業に焦点を当て、小さな企業が実際に取り組んだこと、あるいは小さくても取り組める販路開拓の事例に限ってご紹介しました。

213

商談は、"ひと対ひと" が行うものという考えに基づいています。本書を手にとってくださった皆様の販路開拓の取組みやその支援にお役立ていただけましたら幸いです。

2019年4月1日

株式会社流通プランニング研究所
中小企業診断士
川上正人

著者 Profile

川上正人（かわかみ　まさと）
株式会社流通プランニング研究所
代表取締役
中小企業診断士

1993年、広島市内にて中小企業診断士事務所を開業し、販売不振企業の経営改善や酒類免許の規制緩和に対応する経営革新計画策定を支援。
1999年、経営革新支援法の施行を受けて、これから事業計画策定や販路開拓の支援ニーズが高まることを見据え、同年、株式会社流通プランニング研究所を設立、代表取締役に就任。
事業の目的を、事業計画策定手順の標準化と計画実施支援手法の確立と定め、新規顧客の獲得と既存顧客との関係維持・強化に関する営業力強化支援に特化した専門家として、公的支援機関や中小企業大学校にて企業支援や支援担当者研修講師を務めている。
研修では、成功した企業を支援した実体験に基づいて考案した「顧客管理の原理原則」「販路開拓の原理原則」に基づいて、早期かつ高確率で結果を出すために最低限必要な取組みや足りないことを見つける方法を、誰でも取り組めるようにわかりやすく紹介している。
2008年には、継続支援を要望される経営者や支援機関との関係を維持するため、特定非営利活動法人中小企業販路開拓支援協議会を設立し、思いを同じくする専門家と共に可視化、標準化による支援手法を活用して、意欲ある企業の販路開拓を伴走型で支援している。

（連絡先）
株式会社流通プランニング研究所　http://dpl.gr.jp/
広島県広島市東区光町一丁目12番16号 広島ビル4階
TEL：082-263-1153

誰でも取り組める！　必ず効果が出る！

販路開拓のすすめ方

2019(令和元)年 6 月 15 日　初版発行

著　者	川上　正人	
発行者	楠　真一郎	
発　行	株式会社近代セールス社	

〒165-0026　東京都中野区新井 2-10-11
ヤシマ 1804 ビル 4 階
電　話　03-6866-7586
ＦＡＸ　03-6866-7596

印刷・製本　　株式会社木元省美堂

Ⓒ2019 Masato Kawakami

本書の一部あるいは全部を無断で複写・複製あるいは転載することは、法律で定められた場合を除き著作権の侵害になります。

ISBN978-4-7650-2137-1